创业管理

从求生存到求规模

欧 海◎著

中国铁道出版社有限公司
CHINA RAILWAY PUBLISHING HOUSE CO., LTD.

图书在版编目(CIP)数据

创业管理：从求生存到求规模 / 欧海著. -- 北京 ：
中国铁道出版社有限公司，2024. 10. -- ISBN 978-7
-113-31516-0

Ⅰ. F272.2

中国国家版本馆 CIP 数据核字第 2024DU1838 号

书　　名：**创业管理——从求生存到求规模**
　　　　　CHUANGYE GUANLI：CONG QIU SHENGCUN DAO QIU GUIMO
作　　者：欧　海

责任编辑：马慧君　　　　　　　编辑部电话：(010) 51873005
封面设计：宿　萌
责任校对：安海燕
责任印制：赵星辰

出版发行：中国铁道出版社有限公司(100054，北京市西城区右安门西街 8 号)
网　　址：https://www.tdpress.com
印　　刷：三河市宏盛印务有限公司
版　　次：2024 年 10 月第 1 版　　2024 年 10 月第 1 次印刷
开　　本：710 mm×1 000 mm　1/16　印张：13.5　字数：173 千
书　　号：ISBN 978-7-113-31516-0
定　　价：68.00 元

前　　言

回顾我的成长之路,创业在其中留下了浓墨重彩的一笔。2003 年,我第一次创业,创办了一家小型服装厂,辛苦经营却以失败告终。

此后,为追求音乐梦想,我开启了北漂生活,在困苦中艰难前行。最艰难的时候,我睡过天桥。但我并没有放弃,从基础的演出开始改变自己的生活。经过不断努力,我创办了自己的音乐工作室,生活逐渐稳定。

随着自身认知的升级,我也在追求新的成长,跟随自身想法成功转型成为主持人。其间,励志演讲人乔·吉拉德的一场演讲改变了我的命运,让我看到了新的发展道路。于是我开始了疯狂的学习之路,最终成为一名出色的演说家。

随后,我创办了北京海梦文化传播有限公司,开启了新的创业旅程。此后,商道教育培训是我长期从事的领域。同时,我也基于新发现,进行了新的探索。

当我发现教培行业存在乱收费现象时,便立志要打造一款教育行业内的 App,随后进行了"海梦易商道 App"的筹划,并推动"海梦易商道 App"上线。此后,"海梦易商道 App"经过多次迭代,功能逐渐丰富,覆盖课程学习、生活购物等诸多方面,为用户提供优质的生活服务。

随着产品的发展,我的创业之路也走向新的发展阶段——成立了北京海梦集团有限公司。我和我的公司获得了业界的诸多奖项,创业实现了阶段性成功。

在创业过程中,我也在不断研学。坎坷的创业之路和丰富的创业经历让我加深了对传统文化和国学应用的思考,并总结了一种新的思想——归源思想。即在思考问题时,追溯问题的源头,探究问题的本质,进而更好地理解问题。万物归源,万事通达。

创业至今,我始终保持思考,思考如何创业才会成功、在创业之路上需要规避什么风险。鉴于此,我决定基于自身丰富的创业管理经验,聚焦创业者创业过程中的切实需求,打造一本内容完善、指导性强的创业书籍。

创业管理包括多方面的内容,本书就对这些内容进行了细致的讲解。

在创业之初,创业者所做的一切都是求生存。创业者需要梳理创业思维,通过市场分析确定目标市场。同时,为了实现公司的稳定运作,创业者需要做好法规(合法合规)、财务(成本、现金流)、税务等方面的管理。此外,创业者需要管理好创业团队,打造出符合市场需求的产品,并通过裂变式营销实现收益。

在公司进入稳定发展阶段后,创业者要做的就是求发展。创业者需要不断积蓄力量,抓住市场机会,推动公司实现规模化发展。在这个过程中,首先,创业者需要做好复盘,明确公司是否有稳定的盈利基础、是否为规模化发展做好了准备。其次,创业者需要聚焦规模化发展开展各项管理工作,包括连接更多资源、打造赋能型组织、建设标准化流程、扩充公司的资金池、推动公司多元化扩张和打造品牌等。

除了对创业管理的各个方面进行详细讲解外,本书还在不同章节中讲解了丰富的创业管理方法论,并结合案例讲解创业技巧,能够为创业者提供有效的创业指导。通过阅读本书,创业者能够掌握丰富的创业管理知识,完善自身管理策略,推动公司稳定发展。

著 者

2024 年 5 月

目　录

生存篇：一步到位的生存法则

生存篇:

一步到位的
生存法则

第一章

创业思维：为什么创业很困难

───────

　　创业是一项高风险的活动，过程困难重重，成功率并不高。没方向、没利润、没效率、没人才、没资金、没发展等都会导致创业失败。创业者需要建立正确的创业思维，规避创业风险，实现创业成功。

第一节 没方向:缺乏调查,盲目跟风

很多创业者在着手创业时,没有事先进行调查,也没有了解行业的具体情况,只是听说某个行业发展前景好,便瞄准这一行业创业。这种缺乏科学调查的创业往往会走向失败。

2022年6月,大学毕业的美术生周昊(注:本书案例中人物都为化名)开始了自己的创业之路。此前他了解到,很多同校毕业的学长在毕业后都创办了自己的美术培训机构,获得了不菲的收益。周昊对此十分心动,在毕业后,他也选择了同样的道路,创办了一家美术培训机构。

创业之初,周昊信心满满,投入了一笔资金用于宣传。他认为,只要有了第一批客源,美术培训机构的运营就会步入正轨。然而,这并不容易。周昊设计了多种促销套餐,但吸引来的顾客并不多。

经过深入调查,周昊才发现,周围的商场、学校附近,已经有多家美术培训机构。经过长时间的经营,这些美术培训机构已经有了稳定的客源。因此,即便周昊推出促销套餐,吸引了一些学生试听课程,但真正购买课程的并不多。

在激烈的竞争下，周昊的美术培训机构难以脱颖而出。而由于价格优惠，周昊获得的利润十分微薄，同时还需要支付房租、水电费、教师工资等各项费用。很快，美术培训机构账面上的资金入不敷出，一些教师也因为课时少、收入少而离职。最终，周昊的美术培训机构因经营不善而倒闭。

在上述案例中，周昊没有明确的创业目标，只是因为看到别人创办美术培训机构获得成功，便盲目跟风。同时，他在创业之前没有对这一行业进行调查，不了解行业竞争情况、行业饱和度等。这导致其在寻找客源时就陷入了困境，最终走向失败。

很多创业者认为，大家都在做的事情就是风口，或者认为别人在某个行业创业成功了，自己也能够创业成功。然而，这些都是对创业的误解。

在创业之前，创业者首先要明确创业的方向与目标，并通过市场调查分析方向与目标的科学性。一方面，创业者需要选择符合自己兴趣爱好的创业方向，明确自己想要从事的行业；另一方面，创业者需要仔细分析市场需求与竞争情况，了解区域市场对自身创业项目产品的需求情况，并分析区域市场的竞争格局。如果区域市场对某一产品的需求较弱，或者区域市场已经趋于饱和，那么便不适宜作为创业方向。

总之，创业者需要在充分的市场调查的基础上，全面分析创业项目的优势与劣势，预测相关的风险，进而选择竞争较小、风险较低的创业方向。

第二节 没利润：空谈情怀，不接地气

很多创业者都是基于情怀开始创业的，他们将自己的情怀融入产品，积

极宣传自己的理念。但这可能会事与愿违,因为创业者的情怀未必能够被市场接受和理解。

创业者徐军拥有怀旧情怀,他将怀旧情怀与餐饮项目结合进行创业,打造了一家复古怀旧餐厅。他精心布置了餐厅环境,以20世纪90年代的老物件,如照片、招牌、搪瓷餐具等营造出浓郁的怀旧氛围,主推当地特色美食,为顾客带来独特的用餐体验。

开业初期,餐厅受到了大批顾客的青睐。许多顾客到店消费,感受怀旧氛围,追忆往昔青葱岁月,并品尝当地特色美食。这让徐军看到了盈利的希望。

然而,好景不长,几个月后,来到餐厅消费的顾客越来越少,餐厅逐渐冷清、生意惨淡。这是因为大多数顾客只是出于好奇前来体验一次,而回头客寥寥无几。

从创业至今,徐军没有获得多少收益,投入的资金反而越来越多。在苦苦支撑了一段时间没有起色后,徐军的餐厅最终倒闭。

问题的根源在于,徐军空有情怀,投入了大量资金布置餐厅环境,却没有在菜品上下功夫。餐厅推出的菜品价格较高,味道却并不出色。在创业之初,徐军认为顾客会为他的情怀买单,但事实证明,空有情怀的餐厅难以长久获得顾客青睐,餐厅最终因为没有盈利而走向倒闭。

创业者不能仅因为情怀而创业,而要思考创业成功的本质,即关注用户需求。以徐军的餐厅为例,顾客来到餐厅,核心的需求是就餐,菜品是否美味、服务是否周到等是其关注的重点,复古怀旧的环境虽然能满足顾客的情感需求,但只是一种附加服务。如果餐厅的菜品美味、有特色,同时有复古环境满足顾客情感需求,那么徐军的创业之路将走得更加顺畅,最终可能会获得成功。

总之，在基于情怀创业时，创业者还需要接地气，深入了解并满足用户的需求。只有这样，用户才会为创业者的情怀买单。

第三节　没效率：管理疲软，运营不畅

效率是评估公司运营状况的重要指标，高效运营的公司才能在竞争中占据优势。然而，很多创业公司都存在运营效率低下的问题，这成为阻碍它们发展的主要因素。

创业者胡俊峰最近十分苦恼。他创立的互联网公司已经运营半年了，业务和经营状况都比较稳定，但难以实现增长。为了找到问题的根源，胡俊峰找到企业咨询顾问王康，向其寻求帮助。

在深入了解公司经营状况后，王康很快就明确了胡俊峰的公司存在的核心问题：管理疲软，效率低下。在和胡俊峰沟通的过程中，王康详细描述了一些效率低下的场景。

例如，为了寻找新创意，公司经常组织头脑风暴会议，但会议没有明确的主题与流程，参会人员的思维比较发散，花费大量时间进行讨论，却难以形成可行的结果；公司内部的工作流程不明确，经常出现一个人就能够解决的问题却需要多个人参与的情况，浪费了很多人力资源，但工作效率仍然很低。

经过王康的讲解，胡俊峰了解了公司存在的问题，并进行了整改。一方面，胡俊峰制定了规范的会议制度，明确了各项会议的召开时间、参与人员等，并对会议主题进行审核、对会议结果进行追踪；另一方面，胡俊峰优化了

工作流程,在布置工作时明确各参与人员的职责,避免了人员冗余。此外,胡俊峰还对公司的业务流程进行梳理,优化了各业务流程之间的衔接环节。通过这一系列举措,公司的管理更加规范化,运营效率得到提升,公司的发展逐渐步入正轨。

由于缺乏完善的管理制度,很多创业公司都存在运营效率低下的问题。通常来说,该问题主要体现在三个方面,如图1.1所示。

01 公司管理缺乏目标与规划

02 部门之间沟通不畅

03 工作流程烦琐

图1.1 运营效率低下的三个表现

1. 公司管理缺乏目标与规划

公司管理缺乏目标与规划,会导致各部门的目标不一致,缺乏统一的协作,进而影响整体效率。在这方面,创业者需要制定明确的目标,并规划实现目标的具体路径。在统一目标与详细规划的引导下,保证各部门的目标与公司整体目标一致。

在这一过程中,创业者可以制定完善的目标责任管理制度,明确各部门的目标与任务,并将目标分解到具体的岗位或人员。在此基础上,创业者需要定期对各部门的工作进行评估,并对表现优秀的部门或个人进行奖励。

2. 部门之间沟通不畅

部门之间沟通不畅会引发信息孤岛,阻碍信息的流通和共享,影响工作的协同和协调,导致效率低下。在这方面,创业者需要建立起跨部门的沟通机制。例如，创业者可以在公司内部打造一个社交平台，促进部门间的信息共享和项目合作；通过在线会议工具、定期会议、内部刊物等方式，实现部门之间的信息共享。

3. 工作流程烦琐

工作流程烦琐、业务审批环节过多，会增加工作的复杂性，耗费大量时间，降低工作效率。在这方面，创业者需要对整个工作流程进行审查，找出并简化其中的冗余步骤，使流程更加顺畅。同时，创业者也可以对工作流程进行数字化升级，以自动化流程取代一些人工操作。例如，在生产方面，生产计划、生产调度、质量管理等环节，都可以实现自动化，提高生产效率。

总之，创业公司运营效率低下主要体现在以上三个方面。创业者需要从这三个方面出发，分析影响公司运营效率的因素，并采取相应的解决方案。只有持续改善公司管理，提高工作效率，公司才能够实现长远发展。

第四节 没人才：不懂需求，留人艰难

人才缺乏是很多创业公司都会遇到的问题。具体来说，创业公司往往面临两个难题：一是难以吸引大量优秀人才加入；二是难以留住核心人才。这两个难题往往会导致创业失败。

林嘉从名校毕业后，集结了同校毕业的3名技术人才，共同创立了一家互联网公司，为有需求的企业客户研发个性化的企业软件。经过两年发展，公司研发出多款在市场中很受欢迎的产品，规模不断扩大，吸引了一些优秀人才加入。

但是随着公司的发展,很多新引进的人才纷纷离职,甚至公司的两名骨干技术人才也被别的公司挖走。人才流失成为林嘉迫切需要解决的难题。

经过深入调查,林嘉发现,导致公司人才流失的原因主要有两个:

(1)公司的薪酬待遇不够优厚。在创业之初,林嘉为几名骨干技术人才提供的薪酬比较合理,随着公司的发展,效益不断增长,但是骨干技术人才的薪酬却没有实现相应的增长,这引起了骨干技术人才的不满。面对更具吸引力的就业机会,两名骨干技术人才选择了离开。

(2)公司内部竞争比较激烈。由于公司发展较快,人才队伍不断扩大,人才间的竞争也越来越激烈。在这种情况下,一些人才不可避免地被冷落。在不被重视的环境中工作一段时间后,很多人才都选择了离开。

针对人才流失的问题,林嘉采取了一系列补救措施:

一方面,他完善了公司的薪酬制度,提高了人才的薪资待遇。除了提高绩效水平、提供具有竞争力的薪酬外,林嘉还完善了公司的福利制度,为人才提供住房补贴、差旅补贴、技术津贴等多样化福利。

另一方面,林嘉建立了完善的人才管理制度,包括制订多层次的接班人计划、根据员工成长需求安排内部培训、让人才参与到公司管理中来、采纳员工提出的合理建议等。

在人才的薪酬需求、发展需求等得到满足后,公司的人才流失问题得到了显著改善。

很多公司难以吸引人才、留住人才的原因就在于忽视了人才的需求,不能满足人才的多样化需求。在这方面,创业者需要从薪酬福利、成长空间、工作体验等多方面考虑人才的需求,分析公司在这些方面是否存在欠缺,并及时提出解决方案。

在完善的薪酬制度、人才管理制度的支持下,人才的工作积极性能够得到提升，为公司创造更大价值，公司也能够在人才的驱动下实现更好的发展。

第五节 没资金：胡乱"烧钱"，不知沉淀

资金是支撑公司持续运转的重要资源，其增值与高效流动对公司的长远发展至关重要。然而在现实中，很多创业公司走向失败都是因为缺乏资金。还有一些公司获得资金后缺乏长远的规划，通过"烧钱"的方式谋求快速发展，最终因为资金链断裂而倒闭。

某电商平台在创立之初广受好评，创造了两个月用户破千万的纪录，并在创立第一年就获得了上千万元的融资。之后的两年，该电商平台持续发展，用户数量突破1.5亿。然而，就在人们以为它将持续辉煌之际，该电商平台的发展急转直下，创始人突然宣布公司破产清算的消息。

回顾该电商平台的发展之路就会发现，其破产的结果并不让人意外。在发展之初，为了迅速获客，该电商平台采取价格战的策略，通过秒杀、拼团等方式吸引用户。虽然这一策略短期内效果显著，但也导致公司"烧钱"速度过快。在公司资金链断裂后，用户大幅减少，公司的运营陷入绝境，最终走向破产。

在发展过程中，公司采取价格战、广告战等策略不足为奇，如开展大力度的新品促销活动、投入大量资金进行广告投放、聘请形象代言人等。这些"烧钱"行为在吸引用户、品牌宣传等方面能够起到立竿见影的效果，但一旦停止"烧钱"行为，产品的销售额就会大幅下滑。同时，这种行为给公司带来

极大的资金压力,一旦资金链断裂,公司就会走向破产。

对于资金管理,创业者需要引起重视,应学会科学使用资金,长久沉淀资金。具体而言,在资金管理方面,创业者需要注意的要点如图 1.2 所示。

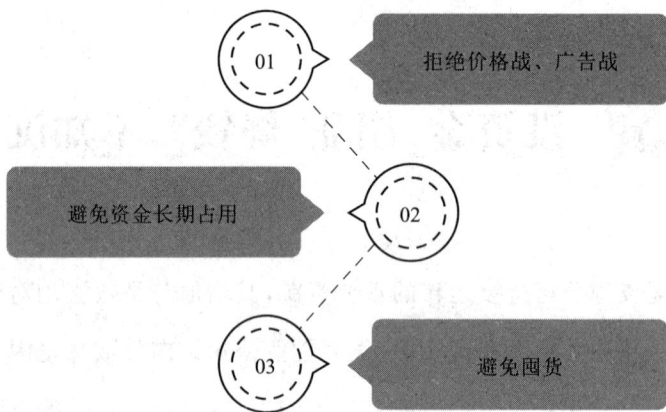

图 1.2　资金管理的要点

1. 拒绝价格战、广告战

在创业之初,为了吸引用户、提升品牌知名度,创业者可以投入大量资金进行营销推广,如进行广告宣传、开展各种优惠活动等。在这个过程中,创业者需要计算营销的投入产出比,避免长时间进行价格战。同时,创业者需要做好营销预算,避免大量的营销投入影响公司的后续运营。

此外,为了留住更多用户,创业者应将焦点放在产品本身的优化与创新上。通过提供独特的产品功能、增值服务,如售后保障、产品培训等,打造差异化的竞争优势。这样,不仅能够形成公司的核心竞争力,还能为品牌注入持久的生命力。

2. 避免资金长期占用

在创业公司经营过程中,赊账是一种常见现象,如果客户忘记还款或还款过程中出现问题,就会使欠款无法及时收回。这容易导致创业公司的资金被长期占用,引发资金危机。

在这方面，创业者需要建立完善的赊销制度，明确赊销的具体条件、期限、金额限制等内容，并建立严格的赊销审批流程，明确赊销的责任人和审批人。

同时，创业者需要定期对账，明确是否有欠款未还，并及时催促客户还款。此外，对于所有赊账的客户，创业者可以建立客户信用体系，针对还款情况对客户的信用状况进行评估。对于信用值较低的客户，创业者可以适当提高赊销门槛或减少赊销金额，以降低资金风险。

3. 避免囤货

创业公司在成本、价格方面缺乏优势，如果囤积原材料、半成品等存货，一旦市场出现波动，公司就会遭受存货跌价损失。在这方面，创业者需要维持小规模的安全库存，按照订单需求进行生产和采购，并在生产完成后立即将产品交付给客户。这能够减少存货资金占用，降低仓储成本，为公司的稳健发展奠定坚实基础。

第六节　没发展：根基不稳，盲目扩张

在公司发展过程中，很多创业者会采取扩张战略，以实现更好的发展。然而，如果创业者在公司的根基还不稳固时就盲目扩张，往往会导致创业失败。

李岩从互联网大厂离职后，凭借自己丰富的行业经验，创办了自己的互联网传媒公司。经过两年的辛苦经营，公司的发展逐渐稳定，获得了不错的效益。

基于当前良好的发展势头，李岩决定扩大公司规模，谋求更大的发展。于是，他将公司账面上的大部分资金用于扩张业务，期待资金回笼后公司能够迎来新的辉煌。

但事实给了李岩沉重一击。在业务扩张后，公司账面上的大量资金被占用，短时间内难以回流，公司运营一度停滞。

为了缓解危机，李岩不得不通过银行贷款获得资金，但这并没有解决危机。由于公司缺乏与扩张后的新业务匹配的管理能力，导致公司的运作频频出现问题，通过银行贷款获得的资金很快就消耗殆尽。最终，李岩只得申请破产保护。

创业者追求公司扩张并没有问题，但必须警惕其中的风险。一方面，即便公司发展势头良好，创业者也不能对行业前景过分乐观，而是要稳扎稳打，使公司始终有对抗行业突发风险的能力。另一方面，在扩张过程中，创业者不能忽视公司发展情况而盲目扩张。在扩张之前，创业者需要构建与公司扩张战略相匹配的管理能力，如加强人才队伍建设、提高供应链管理能力、强化资金周转能力等，避免公司在扩张过程中出现问题。

总之，在创业公司的资金还不充足，没有构建起相应的管理能力时，盲目扩张只会拖垮公司，导致公司的发展停滞，甚至走向破产。因此，创业者需要持续稳固公司发展根基，一步一个脚印地推动公司实现高质量发展。

第二章

蓝海战略：挖掘市场中的好生意

————

　　创业十分具有挑战性，创业者只有找到有价值的商机，才能够更加顺利地开启创业之路。为此，创业者需要做好市场分析，找到有前景的创意，以合适的战略挖掘市场中的好生意。

第一节　创业之前，先分析市场

在创业之前，创业者首先要分析市场，明确市场的需求与竞争情况，评估在某一领域进行创业的风险与可行性。

一、市场分析步骤

创业者可以遵循四个步骤进行市场分析，如图 2.1 所示。

1. 确定目标市场

在进行市场分析之前，创业者首先要确定目标市场。创业者可以根据自身实力、资源、产品等选择目标市场。例如，创业团队具有很强的服装设计与服装创新能力，同时拥有工厂渠道及一些种子客户，就可以聚焦服装创新优势瞄准中高端服装市场进行创业。

在确定目标市场后，创业者就可以查阅市场报告、参加行业会展等，了解目标市场的基本情况，为后续的创业之路奠定坚实基础。

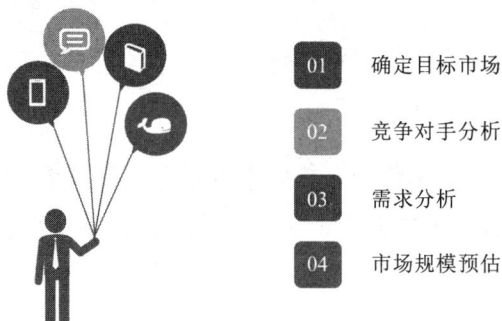

01	确定目标市场
02	竞争对手分析
03	需求分析
04	市场规模预估

图 2.1　市场分析的步骤

2. 竞争对手分析

竞争对手分析是市场分析的重要组成部分。创业者需要详尽地了解目标市场中的竞争对手，包括他们的市场份额、竞争优势、产品特点等。通过对竞争对手的分析，创业者可以明确并巩固自身的差异化优势，从而在市场中脱颖而出。

3. 需求分析

创业者需要对目标市场的需求进行分析。创业者可以通过行业报告、社交媒体、调查问卷等多种工具，深入挖掘目标市场消费者的真实需求、价格敏感度、购买偏好等。

4. 市场规模预估

创业者需要结合第三方数据、行业报告等，预估目标市场的规模。在此基础上，创业者可以衡量市场的潜在机会和自己的潜在收入。同时，创业者还需要对目标市场的发展趋势进行预测，了解目标市场的未来发展空间。

二、市场分析重点关注的内容

在遵循以上步骤进行市场分析之外，创业者还需要注意以下要点，以作出科学的判断：

(1)创业者需要从市场规模、增长率、竞争强度等方面对目标市场进行分析，明确目标市场的吸引力。

(2)并不是所有创业者都适合进入吸引力大的市场。吸引力越大的市场，竞争也越激烈，因此创业者需要从资金水平、技术水平、营销能力等方面衡量自身的竞争力。

如果目标市场竞争格局明朗，市场份额大多被行业巨头占据，就不适合作为创业的目标市场。如果目标市场增长空间巨大、竞争环境相对宽松，且创业者具备进军这一市场的核心竞争力，就可以将这个市场作为创业的目标市场。

总之，在深入了解目标市场的基础上，创业者还需要分析自身在这一市场中的竞争优势，从而选择合适的目标市场。

第二节　创意与定位同样重要

一、剔除没有前景的创意

创意在创业过程中发挥着重要的作用，很多创业者创业成功都源于一个出色的创意。然而，仅有创意是不够的，它必须切实可行且具有广阔的发展前景。不切实际或前景黯淡的创意应当及时剔除。

大学毕业后，张然一直想通过创业实现自己的梦想。回到家乡后，他发现县城中不少人都喂养了宠物。基于对宠物的热爱和对市场的初步调查，张然决定开一家宠物用品店。

张然的店铺主营宠物服饰、宠物用具、宠物玩具等宠物用品，商品在创新设计、实用性、环保性等方面都具有显著的竞争优势。同时，店铺还支持宠物用品定制化，为不同的宠物打造个性化的姓名牌、家具等。

在开业之初，店铺吸引了很多顾客前来消费。但一个多月之后，店铺的生意逐渐冷清。这主要是因为县城的顾客基数相对较小，一旦最初的尝鲜顾客消费完毕，店铺就很难再吸引新的顾客。面对巨大的经营压力，张然最终不得不关闭了店铺。

从这个案例中，我们可以看出，张然销售多样化、个性化的宠物用品的创意是很好的。然而，在顾客基数较小的县城中，这种创意的市场空间有限，缺乏长远的发展前景。因此，在创业过程中，除了要有好的创意外，还需要仔细评估创意的实际可行性和市场前景，剔除那些缺乏前景的创意，以确保创业成功。

对于创业者来说，有了创意后，还需要分析这个创意是否是一个好的创业机会。好的创业机会具有以下四个特征，创业者可以据此对创意进行分析：

1. 对用户有吸引力

成功的产品和服务往往源于对特定用户群体的深刻理解和精准满足。创业者需要转变视角，从"我能做什么"或"我想做什么"转变为"市场真正需要什么"。只有创意真正解决了用户的痛点或满足了用户的特定需求，才具有吸引力，才能转化为成功的创业机会。

2. 在实际的商业环境中可行

有了创意之后，创业者需要分析创意在实际的商业环境中是否可行。为此，创业者需要对商业环境进行多方面的分析，包括对经济、社会、技术、法律等因素进行分析，确保创意在实际操作中具备可行性。只有那些能在现有商业环境中成功运作的创意,才具备真正的发展潜力。

3. 能够在恰当的时间实行

时机对创业成功至关重要。过早进入市场可能面临诸多不确定性和风险,过晚则可能错失良机。创业者需要敏锐地捕捉市场信号,判断创意实施的恰当时机,确保在最佳的时间点切入市场。

4. 有足够的资源、技术能够实现创意

创意的实现需要资源的支撑和技术的保障。创业者需要评估自己是否拥有或能够获取所需的资金、人才、技术和其他资源。如果缺乏必要的资源和技术支持,那么即使创意再好,无法实现,也难以转化为成功的创业机会。

综上所述,当创业者有了一个创意后,不应急于行动,而是应该从以上几个方面入手分析创意的吸引力、可行性等,确定这是否是一个创业机会。如果创意缺乏用户基础或者现有市场环境存在诸多限制,那么创业者就要三思而后行。

二、聚焦细分市场,差异化定位

一般来说,创业者很难在红海市场中找到发展机会。而通过开辟新蓝海,创业者能够获得更大的发展机会。在这方面,创业者需要瞄准细分市场,做好差异化定位。

当创业者计划进军某个领域时,可能会发现赛道的头部位置早就被占据,并且很难超越。这时创业者要做的并不是超越,而是找到彼此之间的差异和自己的独特之处,在自己最鲜明、最突出的点上持续发力,力争跑到赛道的前端。

创业者可以从四个方面出发，打造公司的差异化定位，如图 2.2 所示。

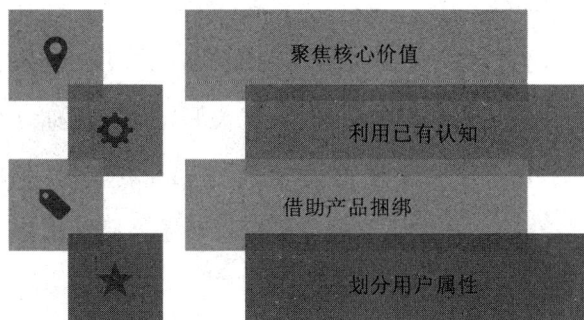

图 2.2 打造公司差异化定位的方法

1. 聚焦核心价值

创业者可以聚焦核心价值打造差异化定位，将自己的公司与市场中的同质化公司区分开来，加深用户对自己公司的认知。

例如，阿芙创办至今始终聚焦精油领域，推出了多系列精油产品，以"阿芙，就是精油"的定位被广大用户熟知。在长久发展中，阿芙成长为精油领域领军企业，很多用户一提到精油，就想到阿芙。阿芙的差异化定位大获成功。

2. 利用已有认知

创业者可以巧妙地运用人们脑海中已经存在的认知框架，来实现公司定位的差异化。这意味着创业者需要找到一种方式，将人们的既有认知与对自己公司的认知相结合，从而快速建立起品牌印象。

以奥利奥为例，该品牌在我国推广时，巧妙地利用了小学生喝牛奶的普遍行为。基于这一认知基础，奥利奥推出了脍炙人口的广告语"扭一扭，舔一舔，泡一泡"，成功地将奥利奥饼干与牛奶相结合，迅速在人们心中建立了独特的品牌印象。每当人们想到牛奶时，便会联想到奥利奥，从而实现了品牌差异化。

3. 借助产品捆绑

创业者可以将自己的产品与在市场上已经占据领导地位的产品捆绑起来,从而使用户快速记住自己的公司,实现关联定位。例如,面对可口可乐"传统的、经典的、历史最悠久的"的定位,百事可乐打造了"年轻的、专属年轻人"的差异化定位,实现了自身产品与可口可乐产品的连接,从而在竞争激烈的市场中脱颖而出。

4. 划分用户属性

创业者可以通过精细划分用户属性,来探索未被占据的市场空间,进而确立公司的差异化定位。

以白酒品牌江小白为例,在其他白酒品牌主要以高端、传统、陈年老酿为发展方向,聚焦中老年人群的背景下,江小白敏锐地洞察到年轻消费群体的需求,并以此为契机,成功打造出"青春小酒"的独特定位。

为了迎合年轻消费群体的口味偏好,江小白推出了口感清淡、绵甜的新型白酒,并在包装设计上采用简洁、时尚的风格,不仅凸显了产品特色,还高度契合了年轻消费者的审美。此外,江小白还通过文艺且充满感情的文案,与年轻消费者在生活、感情等话题上产生深度共鸣,进一步增强了品牌与消费者之间的情感连接。

正是基于这样的差异化定位策略,江小白成功吸引了大量年轻消费者的关注,在竞争激烈的市场中脱颖而出。

因此,创业者可以借鉴江小白的成功经验,从用户属性、产品特点、包装设计、情感共鸣等多个方面综合考虑,结合自身优势、行业特点和用户需求,打造出独具特色的差异化定位。

第三节 用创新强化产品势能

一、从模仿起步，推进创新

很多创新都是基于前人智慧实现的。从模仿起步推进创新是一种高效且切实可行的创业策略，能够帮助创业者减少创业过程中的阻碍，更快地走向创业成功。具体来说，这种创业策略具有以下三大优势：

1. 减少风险

创业过程中充满了各种风险，通过模仿成功的公司，创业者可以减少创业风险。通过模仿，创业者可以选择已经经过验证的商业模式、创业方向等，避免盲目摸索、走弯路。

2. 学习经验和知识

通过模仿成功的公司，创业者可以学习对方的成功运作经验，学习商业模式、经营战略、产品研发、营销技巧等方面的知识。这能够帮助创业者更好地理解目标市场与用户需求，并明确怎样更好地满足这些需求。

3. 获得灵感

通过模仿成功的公司，创业者可以获得灵感。这些灵感可以激发创业者的创新思维，为其设计新的商业模式、开发新产品等提供助力。同时，创新的商业模式和产品更符合市场的需求，助力创业者的公司获得更多收益、实现更大发展。

具体而言，创业者如何从模仿起步，推进创新？

一方面，创业者需要选择成功的公司进行模仿。在选择公司时，创业者需要选择与自己的公司处于同一市场、拥有成熟的商业模式、获得较高市场份额与收益的公司。

同时，创业者需要对选出的公司进行全面分析，包括分析其商业模式，如如何盈利、如何分配资源、如何营销等；分析其产品特点，如产品定位是什么、满足了用户的哪些需求等；分析其营销策略，如何吸引用户、如何推销产品、如何维护用户等。

在充分了解成功公司的运作模式后，创业者便可通过模仿对方，快速开展业务。

另一方面，在成功模仿的基础上，创业者还需要对公司的运作模式进行创新，以实现对成功公司的超越。例如，创业者可以对商业模式进行创新，打通多维收入渠道；可以对产品进行创新，推出定制化功能，满足用户的个性化需求等。同时，创业者也可以引入合作伙伴，提升自身在资金、资源等方面的竞争优势。

总之，模仿是为了让创业更快起步，并不是创业的最终目的。在模仿的基础上，创业者需要改进公司运作模式，不断推陈出新，最终形成公司的核心竞争力。

二、竞品分析，强化产品势能

产品是创业的核心，创业者可以聚焦产品挖掘商机。具体而言，创业者可以通过深入分析竞品，了解竞品的优势和劣势，进而制定合适的产品策略，强化产品势能。创业者可以遵循以下步骤进行竞品分析：

1. 明确竞品的范围

竞品并不局限于直接模仿的或相似功能的产品。创业者需要广泛考虑与自己的产品在同一市场、面向相同或相似目标用户群体的所有产品，将它们都纳入竞品分析的范畴。这样，创业者可以更全面地了解市场竞争格局，从而更精准地定位自身产品。

2. 收集竞品信息

创业者可以从官方网站、市场调研报告、用户评价等多个渠道获得竞品的相关信息，进而了解竞品的功能与特点、用户体验、市场份额、用户规模、盈利能力等。通过收集这些信息，创业者可以全面了解竞品，为产品的优化和创新奠定基础。

3. 分析竞品的优势与劣势

在掌握了充分的竞品信息的基础上，创业者需要对竞品进行分析，从产品功能、用户体验、盈利能力、营销方式等方面分析其优势与劣势。例如，分析竞品的功能能否满足用户需求、功能是否易用、能否稳定地创造收入、盈利模式是否成熟等。通过优势与劣势分析，创业者能够深入了解竞品的核心竞争力，为自身产品的创新提供参考。

在分析竞品的基础上，创业者可以制定合适的产品策略。

一方面，创业者可以针对竞品的不足之处进行优化创新，打造更符合用户需求的产品。例如，由于品种、种植方式、运输条件等方面的限制，市场中一些蔬菜的品质并不高。基于这一现象，刘闯创立了自己的农业科技企业，培育出多个高品质蔬菜品种，并通过机械化栽培、标准化水肥管理等方式科学生产有机蔬菜，有效提高了蔬菜品质，满足了消费者对绿色、健康、高品质蔬菜的需求。

另一方面，针对当前产品同质化的现象，创业者可以针对用户需求打造新品类产品。例如，饮料市场中有碳酸饮料、果蔬饮料、咖啡饮料等多种饮料，这些饮料大多强调产品独特的口感、口味等，同质化严重。基于此，某饮料品牌聚焦消费者的健康需求，打造出"0 糖、0 脂、0 卡"的气泡水，开创了无糖气泡水这一新品类。这种更加健康、口感丰富的饮品一经推出，就受到了年轻消费者的喜爱。通过开创新品类,该饮料品牌成功打响了知名度,在饮料市场占据了一定地位。

综上所述,竞品分析在创业者打造产品的过程中发挥着至关重要的作用。通过深入剖析竞品的优势与劣势,创业者不仅能更加清晰地明确产品的市场定位,还能据此制定出更具针对性的产品创新策略。这有助于产品在激烈的市场竞争中脱颖而出,是创业者走向创业成功的关键一步。

第三章

合规设计：创业要
与《公司法》同频

————

创业者创业需要符合法律法规的要求，做好合规设计。其中，除了常规的法律合规设计外，创业者还需要关注新修订的法律带来的变化，在其指导下灵活调整管理策略，确保公司的运营既合法又高效。

注册资本变化:从"认缴制"到"五年实缴"

2023 年 12 月,十四届全国人大常委会第七次会议表决通过最新修订的《中华人民共和国公司法》(以下简称《公司法》),于 2024 年 7 月 1 日起施行。

新修订的《公司法》最大的变化就是对有限责任公司认缴登记制度进行了完善。第四十七条规定:"有限责任公司的注册资本为在公司登记机关登记的全体股东认缴的出资额。全体股东认缴的出资额由股东按照公司章程的规定自公司成立之日起五年内缴足。法律、行政法规以及国务院决定对有限责任公司注册资本实缴、注册资本最低限额、股东出资期限另有规定的,从其规定。"

这意味着,公司需要按照规定将认缴资本实缴到位。

对于当前的存量公司,新修订的《公司法》做出了一些过渡规定。第二百六十六条第二款规定:"本法施行前已登记设立的公司,出资期限超过本法规定的期限的,除法律、行政法规或者国务院另有规定外,应当逐步调整至本法规定的期限以内;对于出资期限、出资额明显异常的,公司登记机关可以依法要求其及时调整。具体实施办法由国务院规定。"

新修订的《公司法》为什么会对公司认缴年限做出限定？2013年，我国全面推行注册资本认缴登记制，有效解决了实缴登记制度下市场准入资金门槛高制约创业创新的问题。但随着这一制度的实施，也产生了盲目认缴、期限过长等问题。为解决这些问题，新修订的《公司法》对认缴期限进行了规定。

同时，新修订的《公司法》要求公司通过企业信息公示系统对公司股东认缴和实缴的出资额、出资方式、出资日期等进行公示，强化了公司的信息公示义务。此外，对于未按规定公示实缴出资相关信息、公示信息弄虚作假等问题，市场监督管理部门会责令其改正，并对公司及相关管理人员进行处罚。这有利于督促公司履行公示义务，营造诚实可信的市场环境。

创业者应怎样应对这一法规变化？创业者需要按照规定实缴资本。如果存在资金问题，创业者也可以以非货币资产出资。这符合《公司法》的要求，还能增加公司的资产规模，有利于公司长远发展。

如果公司具有巨大发展潜力但尚处于成长初期，创业者可以先适度减少注册资本，待公司发展壮大后再逐步完成实缴。这种灵活的注册资本认缴策略有助于缓解创业初期的资金压力，为公司的稳步发展创造更多可能性。

第二节　制定公司章程，规避注册风险

公司章程是指公司依法制定的规定公司名称、住所、经营范围、经营管

理制度等重大事项的基本文件,是公司必备的规定公司组织及活动基本规则的书面文件。

一、公司章程的重要意义

公司章程在公司注册过程中具有重要意义。新修订的《公司法》第四十五条规定:"设立有限责任公司,应当由股东共同制定公司章程。"

第四十六条规定:"有限责任公司章程应当载明下列事项:

(一)公司名称和住所;

(二)公司经营范围;

(三)公司注册资本;

(四)股东的姓名或者名称;

(五)股东的出资额、出资方式和出资日期;

(六)公司的机构及其产生办法、职权、议事规则;

(七)公司法定代表人的产生、变更办法;

(八)股东会认为需要规定的其他事项。

股东应当在公司章程上签名或者盖章。"

公司章程是股东共同一致意见的体现,载明了公司组织和活动的基本准则。公司章程与《公司法》一样,共同肩负着调整公司活动的责任。

首先,公司章程是一个公司进行经营管理的依据。有了这个依据,公司的各项活动就能有效避免因人为因素而导致的不公平现象的出现。可以说,这是一个公司取得长足发展的基本前提。而且,市场监督管理部门会对这份章程进行审查,决定是否批准注册。如果公司没有章程或者章程不符合法定条件,将不予登记。因此,在新公司注册之前,创业者需要将公司章程制定出来。

其次，公司章程的制定并非随意而为之，需要遵守《公司法》等相关法律法规的规定，这样能保证公司的各项制度和活动是在法律允许的范围内进行。股份有限公司的章程还需要经过公司股东或董事会的审议，在得到股东或董事会的同意后，章程才能正式实施。

二、公司章程的制定与修改

1. 制定公司章程应考虑的内容

为了确保公司章程能切实发挥作用，创业者在制定公司章程时需要考虑以下四个方面的内容：

（1）以《公司法》等法律法规为依据。

（2）从行业发展的总态势出发。

（3）参考行业内大型公司的章程。

（4）聘请专业的法律顾问解决所涉及的法律问题。

创业者从以上四个方面出发，能够制定出有效的公司章程，为公司的合规、有序运转提供保障。

2. 公司章程的修改

如果公司章程有改动，必须及时到市场监督管理部门进行登记。若因客观原因致使修改后的章程无法在市场监督管理部门登记的，则要保证其修订程序严格遵守《公司法》的规定。公司章程的修订流程包括以下几个环节：

（1）公司董事会作出决议，明确要修改公司章程并提出相应的修改草案。

（2）召开股东会会议。其中，有限责任公司需要在会议召开15日前通知股东；股份有限公司需要在会议召开20日前通知股东。临时股东会会议召开需要在 15 日前通知股东。

(3)股东会对公司章程的修订条款进行表决。新修订的《公司法》第六十六条第三款规定:"股东会作出修改公司章程、增加或者减少注册资本的决议,以及公司合并、分立、解散或者变更公司形式的决议,应当经代表三分之二以上表决权的股东通过。"

(4)如果公司章程的修改涉及需要审批的事项,则需要报送政府主管机关审批。

(5)如果公司章程的修改涉及需要登记的事项,则需要报送公司登记机关,进行相应的变更登记。没有涉及需要登记的事项,也需要报送公司登记机关备案。

(6)如果公司章程的修改涉及需要公告的事项,则需要及时进行公告。

总之,创业者应持严谨的态度对待公司章程,既要确保制定出一套完善且全面的章程,又要严格遵循修订流程。这不仅体现了对公司及股东的尊重,更是对公司长远发展的负责。

第三节 股权转让与公司合并

一、股权转让与优先购买权

通常来说,有限责任公司的股东向股东以外的人转让股权时,其他股东有优先购买股权的权利。如果创业者未经其他股东同意就随意将股权转让给股东以外的人,就会损害其他股东的优先购买权。

2023 年 7 月,某公司创始人廖某在没有告知公司另一股东汪某的情况下,将其持有的公司 70% 的股权转让给陈某,损害了汪某的优先购买权。2023 年 12 月,汪某就此事向法院提出诉讼请求:请求撤销廖某和陈某签订的"公司股权转让协议"。

在法庭上,廖某称将公司 70% 的股权转让给陈某不是自己的真实意愿,而是被陈某威胁、强迫所致,股权转让属实,自己也支持汪某的诉讼请求。

新修订的《公司法》第八十四条规定:"有限责任公司的股东之间可以相互转让其全部或者部分股权。

股东向股东以外的人转让股权的,应当将股权转让的数量、价格、支付方式和期限等事项书面通知其他股东,其他股东在同等条件下有优先购买权。股东自接到书面通知之日起三十日内未答复的,视为放弃优先购买权。两个以上股东行使优先购买权的,协商确定各自的购买比例;协商不成的,按照转让时各自的出资比例行使优先购买权。

公司章程对股权转让另有规定的,从其规定。"

在这里我们只谈股权转让。由以上法律条文可知,股东向股东以外的人转让股权时,需要将股权转让的详细事项以书面形式通知其他股东,其他股东在同等条件下对转让的股权享有优先购买权。在以上案例中,廖某向股东以外的陈某转让股权应经过汪某的同意,廖某与陈某之间的"公司股权转让协议"违反了《公司法》第八十四条的规定,损害了汪某的权益。因此,原告请求撤销廖某和陈某签订的"公司股权转让协议"的诉讼理由成立,法院支持了其主张。

公司股东在进行股权转让时,应考虑到其他股东的优先购买权,就股权转让事项以书面形式征得其他股东的意见,并根据其他股东的反馈结果决定将股权转让给其他股东或者股东以外的人。

二、公司合并，规避债务风险

在处理公司合并事项时，创业者需要关注目标公司的债务情况。如果目标公司存在债务问题，那么合并后，创业者的公司就需要承担相应的债务责任。

2023年4月，某科技公司与某电子公司签订了收购协议，以1 200万元的价格收购了该电子公司。在随后进行财务整合时，该科技公司才发现该电子公司有200万元的债务。该科技公司要求该电子公司清偿债务，该电子公司却以收购协议未涉及债务清偿条款为由拒绝偿还债务，最终这笔债务成了该科技公司的负担。

新修订的《公司法》第二百二十一条规定："公司合并时，合并各方的债权、债务，应当由合并后存续的公司或者新设的公司承继。"

同时，第二百二十条规定："公司合并，应当由合并各方签订合并协议，并编制资产负债表及财产清单。公司应当自作出合并决议之日起十日内通知债权人，并于三十日内在报纸上或者国家企业信用信息公示系统公告。债权人自接到通知之日起三十日内，未接到通知的自公告之日起四十五日内，可以要求公司清偿债务或者提供相应的担保。"

由以上法律条款可知，在合并之后，目标公司的债务由存续的公司或新设的公司继承。同时，公司也可以和目标公司以协议的形式明确债务的处理方式。

在合并之前，创业者需要对目标公司的财务状况进行全面、仔细的审查，在此基础上准备一份资产调查清单，并请目标公司签字确认。在进行价格谈判时，目标公司的负债情况将成为创业者谈判的筹码，从而最大限度地保证公司的利益。

第四节 公司治理出现新局面

在新修订的《公司法》的影响下，公司未来的治理模式发生较大变化，呈现出新的局面。

从整体来看，新修订的《公司法》精简了股东会、董事会的职权。其中，股东会决定公司经营方针和投资计划的职权，审议批准公司的年度财务预算方案、决算方案的职权被取消了。董事会制定公司年度财务预算方案、决算方案的职权被取消了。

同时，对经理职权进行了较大调整。在旧版《公司法》中，经理具有主持公司的生产经营管理工作，组织实施董事会决议等8项法定职权，而在新修订的《公司法》中，经理的职权全部被取消。新修订的《公司法》第七十四条规定："有限责任公司可以设经理，由董事会决定聘任或者解聘。

经理对董事会负责，根据公司章程的规定或者董事会的授权行使职权。经理列席董事会会议。"

第一百二十六条规定："股份有限公司设经理，由董事会决定聘任或者解聘。

经理对董事会负责，根据公司章程的规定或者董事会的授权行使职权。经理列席董事会会议。"

在监事会职权方面，新修订的《公司法》对监事会的设立进行了调整。第六十九条规定："有限责任公司可以按照公司章程的规定在董事会中设置由董事组成的审计委员会，行使本法规定的监事会的职权，不设监事会或者监事。公司董事会成员中的职工代表可以成为审计委员会成员。"这表明，公司可以用审计委员会代替监事会，不设置监事会。

新修订的《公司法》对公司治理有什么影响？

首先，公司治理效能将进一步提升。公司治理有两种模式：一种是设置监事会的双层模式；另一种是不设置监事会的单层模式。从治理效能上来说，单层治理模式更具优势。而此次《公司法》的调整，体现了从双层治理模式向单层治理模式的转变。

其次，职权边界更加清晰。新《公司法》将制订经营计划、财务预算等职责取消，并不是因为这些职权不重要，而是为了更好地进行职权分配。公司可以根据自身需求，以公司章程的方式明确职权在股东会、董事会、经理之间的分配。

最后，公司章程的作用将进一步凸显。经理职权被取消，改由公司章程或董事会授权来行使职权，进一步凸显了公司章程在公司治理中的重要作用。公司可以按公司章程规定经理的各项职权，发挥公司章程在公司治理中的更大作用。

综上所述，面对新修订的《公司法》带来的新局面，创业者需要审时度势，进一步细化和完善公司治理体系，以确保公司治理的高效和稳定。通过优化治理模式、明确职权边界和强化公司章程的作用，创业者可以为公司打造更加健全、高效的治理体系，为公司的长远发展奠定坚实基础。

第四章

控制成本：精打细算才能积少成多

　　合理控制成本是创业成功的关键，这不仅能够提高资金的利用率，还能够提高公司的抗风险能力，提升公司竞争力。在这方面，创业者可以将生产、财务等工作外包，节省资金，同时需要从场地、设备等方面节省办公成本。此外，创业者也需要设置灵活的薪酬体系，合理设计薪酬支出。

第一节　外包，让资金更从容

一、生产外包，轻资产更有活力

在公司经营过程中，创业者可以将非核心的、季节性强的生产环节或者生产线外包出去，由外包公司组织人员按照创业者的需求和计划进行生产。这能够减少公司在生产设备、人力上的投入，提高资本运作的回报率，同时能够让公司专注于核心业务，实现轻资产运营。

在生产外包过程中，创业者需要做好以下几个方面：

1. 做好规划

在开展生产外包活动之前，创业者需要做好规划，明确生产外包的预算、范围、实际成本、预计收益等。之后，创业者可以根据需求，评估外包供应商的经验、能力、信誉等，选择合适的外包供应商。在选定外包供应商之后，创业者需要认真拟订外包合同，以合同的方式明确双方权利、义务与责任，对服务范围、价格、产品质量、产品交付时间等进行约定。

为了确保外包供应商生产出创业者需要的产品，在正式生产之前，创业者还需要做好知识转移，向外包供应商提供工作指导、流程文档、技术规范等，保证外包供应商能够理解创业者的需求并按照要求生产产品。

2. 建立监控和沟通机制

在生产外包实施过程中，创业者需要建立监控和沟通机制，把控好进度，确保生产外包工作能够按计划进行并达到预期效果。在这方面，创业者可以定期听取外包供应商的汇报，对其工作进行评估，在发现问题时及时帮助外包供应商解决问题。

由于外部环境和业务需求的变化，公司的生产需求可能会发生变动。因此，创业者需要及时与外包供应商沟通，调整生产计划。

3. 进行检验

在产品生产完成后，创业者需要对产品的质量、规格、包装等进行检验，确认后再接收产品。

生产外包是一项持续的活动，创业者需要定期评估外包供应商的生产能力，对生产质量、生产效率提出改进建议，进而提升产品方面的竞争力。

二、财务外包，代理记账代替专业会计

将财务外包出去是一种有效降低公司运营成本的手段。创业者可以选择代理记账公司处理公司财务工作，而不招聘专业会计。这能够减少招聘、培训等方面的成本支出，降低财务管理成本。

一方面，如果公司自己招聘财务人员，需要支出较高的人力成本，如支付薪资、社保、福利等；如果将财务外包出去，公司可以节省这部分支出。

另一方面，如果公司自己招聘财务人员，就需要对其进行培训，让其了解财务管理工作的职责，并熟练掌握资金管理、财务支出、财务结算、税务处理等方面的专业知识和技能。这需要公司付出一定的时间与精力。如果将财务外包出去,公司就可以将财务培训工作交给专业的代理记账公司处理。

与代理记账公司合作实现财务外包是一个不错的选择,但是这个过程中也存在一些风险,创业者需要仔细辨别。

创业者王女士为了控制公司的成本,选择与代理记账公司合作实现财务外包。刚开始时,公司的各项业务都正常运转,但是一年之后,王女士的公司突然不能进行正常的报税工作,问题的根源是公司因为财务问题被税务局拉进了黑名单。

王女士与代理记账公司签订的合同里明确规定,在代理记账期间,王女士公司出现的报税问题由代理记账公司承担责任。但是,代理记账公司并没有对这个问题负责。经过调查,王女士发现这家代理记账公司虽然表面看起来规模较大,但是公司里很多财务人员都是拿到了会计证但没有实际经验的新手。

创业者在签订合同时一定要注意具体条款,并在合同条款后标明具体的赔付方式,避免纠纷发生后无人负责的情况。为了规避风险,在选择代理记账公司时,创业者要考察四点:

1. 经营许可资质

经营许可资质是考察代理记账公司是否合规的要点。一个正规的代理记账公司必须具备营业执照以及由财政部门审批的代理记账资格许可证书。创业者需要对这两种证书进行查验,确保代理记账公司的合规性。

2. 固定办公场所

专业的代理记账公司都拥有固定的办公场地以及完备的硬件设施。如果代理记账公司没有正规的场地,其服务质量自然也难以保证。

3. 财务服务专业性

创业者可以从多个方面分析代理记账公司财务服务的专业性。例如,成立时间较长的代理记账公司更加靠谱;团队规模较大、专业人员多的公司能够提供更全面、更精细的专业财务服务；没有财务服务相关纠纷和处罚的公司更加可靠。

4. 价格

不同的代理记账公司的收费存在一定差异。创业者需要认真分析、比对不同代理记账公司之间的收费差异、服务差异等，选择最具性价比的代理记账公司。

此外，在考察不同代理记账公司时，创业者还需要关注它们的口碑，从中选择口碑好、信誉好的代理记账公司。

三、业务外包，找专业团队做帮手

业务外包指的是公司将一些非核心业务交给专业的外包团队完成，其优势主要体现在两个方面：一方面，业务外包能够降低公司的运营成本。将非核心业务交给外包团队完成，能够减少公司在业务方面的投入。同时，基于专业的管理团队、业务运作流程等，外包公司能够帮助公司提高效率，降低运营成本。另一方面，业务外包能够降低公司面临的风险。通过业务外包，公司能够向外包团队转移部分业务风险，从而有效降低潜在的风险损失。

在进行业务外包时，公司需要做好规划，明确哪些业务需要外包，并选择合适的外包团队。公司可以将一些重复、烦琐的工作交给外包公司完成。

（1）公司可以将采购、物流等业务外包给物流供应商。物流供应商拥有仓储场地、仓储与物流设备、丰富的物流业务管理经验等，能够为公司提供高质量的物流服务，降低公司物流成本。

（2）公司可以将软件开发业务外包给专业的软件开发团队。软件开发团队通常拥有成熟的产品代码，节省了从零开始开发的时间与成本，能够缩短软件开发周期。同时，这也省去了公司自建软件开发团队的成本。

(3)公司可以将市场推广与销售工作外包给专业的营销团队。这些营销团队往往具备丰富的市场营销经验、多样的营销渠道资源,能够帮助公司快速打开市场,提高销售额。

除了以上三个方面外,公司还可以根据自身业务情况,将其他业务外包出去。例如,将技术维护与运维业务外包给 IT 服务提供商,将人力资源管理业务外包给人力资源服务提供商等。为了保证外包业务的质量和稳定性,公司需要选择专业能力强、信誉好的外包团队。同时,公司需要与外包团队建立良好的沟通与合作关系,确保自身利益得到保障。

第二节 租赁,合理控制成本

一、租赁场地,控制办公成本

相较于购买办公场地,租赁场地可以显著降低创业者的创业成本。例如,创业者不需要投入资金装修办公场地,可以将有限的资源用于核心业务的发展。

1. 租赁办公场地注意事项

在租赁办公场地时,创业者需要考虑以下几个因素:

(1)公司业务模式。理想的办公场地不仅能满足当前的业务需求,还有助于公司的未来发展。具体来说,创业者应当选择与自己公司业务模式相近的公司集聚的区域,以及时获取行业信息。例如,对于科技类创业公司来说,科技园区或孵化器是理想的选择。因为它们不仅提供了丰富的行业资源,还有助于公司快速获取最新的技术动态和市场信息。

(2)公司发展规模。创业者还需要根据公司发展规模选择合适的办公场地。一般来说,初创公司更适合选择创业基地、创业科技园等作为创业场地。这些场地不仅为初创公司提供了一定的政策扶持,还具有丰富的园区活动,有助于初创公司快速成长。

而对于初具规模、需要频繁接待客户的公司来说,办公设施完善的服务式办公室或高级写字楼更为合适,能够满足公司开展业务的需求。

(3)公司的人员数量。在选择办公场地时,创业者应认真考虑公司当前及未来的员工数量。所选场地不仅要能够容纳现有员工,还需具备足够的扩展空间,以应对公司未来的增长。确保办公空间与员工规模相匹配,有助于确保员工的工作效率和舒适度。

(4)关注配套设施。配套设施是创业者选择办公场地时不可忽视的关键因素。创业者应关注办公场地是否提供完善的网络、空调、办公桌椅等基础设施。一个配备齐全的办公场地不仅可以减少后期的装修和设备成本,还能为员工营造一个舒适的工作环境。

(5)关注办公场地附近的环境。办公场地的地理位置和周边环境同样重要。创业者应关注场地的交通便利性,确保员工出行方便;关注附近是否有能满足员工日常需求的商铺,如餐饮店。一个交通便利且生活便利的办公场地,更有利于吸引和留住人才。

在收集并对比多个办公场地的信息后,创业者需进行综合评估,包括办公场地面积、交通便利性、配套设施、租金等。通过细致的比较分析,创业者可以挑选出最具性价比的办公场地,为公司的长远发展奠定坚实基础。

2. 签订房屋租赁合同需要注意的问题

在租赁办公场地时,为了避免承担不必要的损失,创业者需要与房主签订房屋租赁合同,将租金、保证金、年限、双方的责任与义务等通过合同加以

明确。在签订房屋租赁合同方面,创业者需要注意以下问题:

(1)签订合同时,一般需要交纳 3 个月的租金和 1 个月的保证金。

(2)签订合同前,创业者需要确认房源的合法性,验看房主的身份证、房产证等相关证件。

(3)如需将承租的场地作为公司注册地址,应提前咨询房主能否提供相关材料用于办理营业执照。

(4)租赁合同的内容应包括租用单位、价格、租用期限等,双方盖章签字才生效。

(5)创业者需要对合同中的数字或与钱相关的条款保持高度警惕,如有不实之处,需要与房主沟通协商。

在签订合同的过程中,创业者应该仔细斟酌合同内容,如果内容需要补充,一定要在合同签订之前与房主协商好。除此之外,创业者还需要注意一些细节问题,如物业费、取暖费等费用由谁承担。

创业者刘先生通过房产中介租了一套写字楼,经置业顾问的协助,他与房主签订了租房合同。但是在签订合同一周后,写字楼的物业负责人要求刘先生缴纳此前拖欠的物业费 7 200 元。

于是,刘先生打电话询问房主,房主以各种理由推诿,但是物业人员一直催促刘先生交纳这笔费用,否则就停电。刘先生与房主沟通多次,房主才交纳了这笔费用。

3. 租赁合同的内容

为避免以上案例中的问题,创业者一定要仔细确认房屋租赁合同的完整性。房屋租赁合同主要包括以下几个方面的内容:

(1)双方当事人的情况。房屋租赁合同中应该明确写出创业者和房主的姓名、联系电话等个人信息。

（2）房屋具体情况。房屋租赁合同要写明房屋的确切位置（具体到某路某号某室）、房屋占地面积、房屋装修情况，如房屋的墙壁、门窗、厨房和卫生间等设施的详细情况；简要列出房主为创业者准备的设施，如沙发、家电等。另外，合同中还应写明房屋的产权类型和产权人信息。

（3）租赁期限。如果创业者打算长期租赁房屋，为求稳定可以在合同中约定期限。一般来说，在期限内，房主不可擅自收回房屋，创业者也不能解除合同转而租赁别的房屋。房屋租赁合同到期后，创业者要将房屋退还给房主。如果创业者想继续租赁这套房屋，可以提前通知房主。双方协商达成一致意见后，创业者可继续租赁这套房屋。

（4）房租及支付方式。房屋租金由创业者和房主协商决定，租金的付款方式分为年付、季付和半年付。虽然年付的方式创业者或许能够享受一些优惠，但从资金压力的角度来看，季付或月付的付款方式更适合创业者。

（5）房屋修缮责任。房主是房屋的产权人，因此，修缮房屋应由房主负责。创业者在租赁前一定要仔细检查房屋及其内部设施，确保能够正常使用。在正常使用过程中出现设施损坏情况时，创业者应及时与房主沟通并请物业公司来维修。如果设施损坏是由创业者操作不当造成的，创业者需要负责维修。

（6）房屋状况变更。对于租赁的房屋和内部设施，创业者无权进行拆、改、扩建等。如果需要对房屋的结构或者布局进行改动，创业者需要征得房主的同意并与其签订书面协议。

（7）违约责任。在签订合同前，创业者要将各种可能产生的违反合同的行为在合同中一一列举出来，并规定相应的惩罚办法。如果房主未按约定配备基础设施，创业者可以与房主协商降低房租。

（8）租赁合同的变更和终止。如果在租赁过程中创业者和房主都想变更合同上的某项条款，如租赁期限、租金等，双方可以在协商后进行变更。如果合同未到期创业者想要提前解除合同，需要提前通知房主，然后按照合同约定或协商给予对方补偿。如果合同到期,则合同自然终止。

以上相关内容是创业者在租赁房屋前一定要清楚的,了解这些事项能防止创业者在租房时掉进陷阱,承担不必要的损失。

二、设备租赁,合理控制成本

办公设备是创业公司必不可少的硬件设施,如果选择购买办公设备,那么创业者需要投入一定的成本,在创业前期面临较大的资金压力。租赁办公设备是一种有效控制成本的手段,能够缓解创业者的资金压力。

随着网络直播的兴起,不少创业者都看到了其中的商机。创业者徐军就聚焦直播领域,开始了自己的创业之路。为了控制成本,徐军决定向租赁平台租赁各种直播设备。

租赁平台提供免押金的租赁服务,徐军不需要支付额外的设备押金,这进一步减少了徐军的设备支出。同时,租赁平台提供多样化的直播设备,如摄像机、麦克风、照明设备等,徐军可以根据自己的需要租赁各种品牌和型号的直播设备。

在徐军使用这些设备的过程中,租赁平台还提供设备维护服务,保证设备的正常运行。如果设备出现故障,租赁平台负责维修,解决了徐军的后顾之忧。基于此,徐军能够将更多精力用于直播脚本创作、内容运营,公司很快就步入正轨。

对于创业者来说,租赁设备具有诸多优势。

1. 节省成本,减轻资金压力

通过租赁设备,创业者可以减少设备支出,根据自己的需求选择设备租赁期限、租赁数量等,避免设备闲置和浪费。此外,租赁设备的支付方式十分灵活，创业者可以选择按月支付租金，缓解资金压力。

2. 获得免费的设备维护服务

设备租赁平台通常提供全面的售后服务，包括对设备进行维修与保养。这意味着创业者无须额外支付高昂的维护费用，还能从设备管理工作中解脱出来，专注于核心业务的发展。

3. 更新换代更便捷

租赁平台通常会定期更新设备，为创业者提供市场中的新款设备。这能够帮助创业公司提高运行效率，在竞争激烈的市场中保持技术领先优势，增强公司的核心竞争力。

总之，租赁设备能够减少创业者在购买设备、设备维护、设备更新换代等方面的支出，帮助创业者控制成本，优化资源配置，提高运营效率。

第三节 设置灵活的薪酬体系，按劳分配

在薪酬方面，创业者需要设计灵活的薪酬体系，既能够体现按劳分配、公平公正，又能够起到一定的激励作用。

以某公司为例，该公司创立不久，员工具有较强的创新与拼搏精神。针对公司发展情况，该公司创始人梁彬设计了灵活性更强的宽带薪酬体系。

宽带薪酬是一种薪酬浮动范围更大、薪酬等级较少的薪酬模式。这有利于员工职业生涯的发展，能够激发员工积极创新、努力拼搏。宽带薪酬体系与传统薪酬体系的关系如图 4.1 所示。

在某类岗位上，传统薪酬会划分多个层级。如图 4.1 所示，灰色矩形是

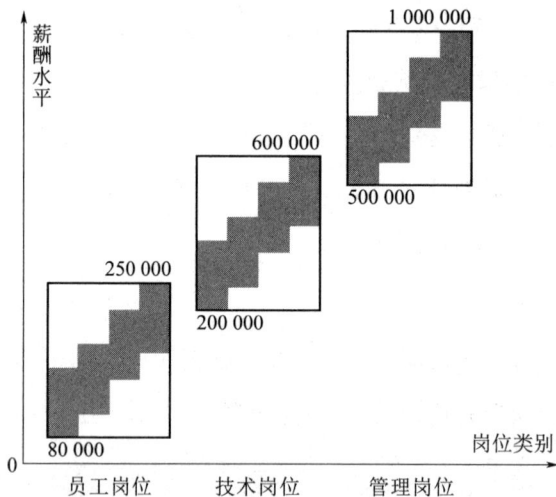

图 4.1　宽带薪酬和传统薪酬关系图(单位:元/年)

员工岗位在传统薪酬模式下,岗位级别和薪酬水平的参数范围。例如,员工岗位底端的灰色矩形代表一级员工的薪资范围为每年 80 000～100 000 元。而图 4.1 中白色的大矩形表示宽带薪酬,包括某岗位所有层级的员工的薪酬,薪酬范围显得更"宽"。

例如,员工岗位的白色矩形代表从一级员工到四级员工的工资在每年 80 000～250 000 元之间,只要一级员工足够优秀,可以得到比其他层级的员工更高的薪酬,同时,如果高级员工绩效不佳,薪酬会比低级员工的低。如此一来,便弱化了薪酬与员工层级之间的关系。

设计宽带薪酬体系需要经过以下几个流程:①确定宽带的数量;②根据不同工作的性质、难易程度等因素确定宽带薪酬的浮动范围。例如,对于某技术岗位,根据员工水平的高低,薪酬可以在每月 15 000～40 000 元浮动;③宽带内横向职位可轮换;④做好任职资格的评定工作。

在宽带薪酬体系下,优秀员工能够基于良好的工作表现获得更多工资,表现不佳的员工的工资会适当降低。这不仅起到了有效的激励作用,还使得公司的薪酬支出更加合理。

第五章

现金流管理：守住现金流就是守住生命线

———

　　资金的积累与循环至关重要,是公司可持续发展的基石。因此,创业者需要做好现金流管理,合理规划现金流入与流出,保持现金流的平衡。当公司出现现金流风险时,创业者需要采取有效的现金流管控措施,积极应对危机。

第一节　随时关注现金流，采取合适策略

公司的所有活动都需要资金的支持，公司通过资金运作壮大业务、积累更多资金，而更多的资金投入将给公司带来更丰厚的回报。在顺畅的资金周转下，公司才能够不断壮大。因此，资金是公司生存和发展的命脉。为保证稳定发展，公司需要有充裕的现金流。

创业者一时的决策失误或经营不善很可能导致公司没有利润或亏损，但这并不是致命的。事实上，很多公司，尤其是刚刚起步的小公司，都因为资金链断裂而破产倒闭。为了避免这种情况发生，创业者需要做好现金流管理。

一方面，创业者在与客户或供应商交易时，应先评估对方的现金流。一旦发现对方现金流有问题，创业者应果断中止合作，否则，供货周期或回款周期延长，很可能会拖垮自己。

另一方面，创业者在制定公司发展战略或进行投资时，要先考虑是否有充足的现金流，将风险控制在可控范围内。否则，一旦战略有误或投资失败，就很可能导致公司现金流枯竭，公司就会陷入困境。

在经济危机来临时，创业者要更加关注公司的现金流。如果资金流动受限，创业者可以采取保护性措施缓解资金压力，如削减库存、减少开支、降低薪酬福利水平等。此外，通过深入分析竞争对手或客户的现金流状况，创业者可以更加精准地制定战略决策，从而赢得更多竞争优势。

创业者张明光通过对竞争对手现金流状况进行深入分析，巧妙布局低价竞争战略，从而使公司获得新发展。

在张明光创业两年后，市场遭遇了一场经济波动。张明光敏锐地捕捉到其中的机遇，决定采用低价的策略吸引消费者。这一决策的直接依据来源于对竞争对手现金流状况的分析。由于现金流管理不善，在经济波动的影响下，竞争对手面临资金困境，无力应对价格战。

于是，张明光精准地将商品价格调整至既能吸引新用户，又能保障工厂正常运营的平衡点。虽然这一策略短期内降低了盈利率，但其他产品线的盈利弥补了这一损失。竞争对手虽然知道张明光的计划，但苦于资金受限，无法同步降价进行竞争，最终只能眼睁睁地看着业务流失。借此机会，张明光公司的市场份额得以进一步扩大。

关注公司与利益相关方的现金流并进行分析，可以给创业者提供有价值的信息。在此基础上，创业者可以制定合理的战略决策，采取适当的行动。

第二节　定期计算收支，明确账户余额

为了确保公司的长久发展，创业者必须确保公司拥有持续、稳定的正向

现金流。为此,创业者需要定期计算公司的收支状况,并密切关注现金流的流动情况。

钱忠是一家网站开发公司的创始人,公司创立5年,现金流状况一直很好。原因在于他在创业初期就建立了严格的现金流管理制度,主要内容如下:

(1)预留200万元现金作为意外风险金,非重大事故不得动用。

(2)公司每天的开支、进出账必须登记,每周汇总一次。

(3)设置黄线,如果当月亏损,停止招聘和大额开支。

(4)设置红线,如果季度亏损,精简人员及公司规模。

(5)每月设置50万元利润目标,并对完成情况进行记录。

一、现金流向表

现金流向的管理可以依赖现金流向表来实现,这是一种重要的财务管理工具。现金流向表主要关注两个核心问题:首先,现金流量的增减变化,即与上期相比,现金是增加了还是减少了;其次,现金的具体用途或流向,如用于经营活动、投资活动等。通过简易的现金流向表(见表5.1),创业者可以直观地了解资金的流向和用途。

表 5.1　简易现金流向表

日期	摘要	进账	出账	余额(元)
本月合计				

这张表不仅帮助创业者明确资金的具体流向,还能够分析哪些方面的支出过高,哪些方面需要补充资金。基于这些信息,创业者可以更加精准地

调整资金使用策略，节省成本，从而有效减轻现金流压力。

二、现金流预测表

除了清晰地掌握现金流向，创业者还需要进行现金流预测。预测现金流的目的在于提前发现潜在的资金问题，从而在问题真正出现之前有足够的时间来采取相应措施规避风险。这样不仅能够为创业者争取到更多的应对时间，还能有效缓解现金流压力，确保公司稳定运营。通过简易现金流预测表（见表 5.2），创业者可以直观了解现金流动向。

表 5.2 简易现金流预测表

						年 月 日	
日期	往来单位	应收款额	应付款额	现金余额	银行存款余额	账面余额合计	可用款项
备注：以上金额单位为元							

在制作现金流量表时，创业者需要汇总公司的资金进出情况。在资金流活动发生后，创业者需要明确收支数额，进行收支核算，确定收入、支出和现金净余额。

在明确各项数据后，创业者就可以系统地将收入、支出活动，以及收支核算结果编入现金流量表。另外，可以用附加报表呈现收支核算结果明细。

此外，创业者需要定期更新现金流量表，并进行收支总结。如果发现公司现金流可能会在未来透支，那么创业者需要及时采取行动，如缩减开支、寻求外部融资、收回应收账款等，保障公司的正常运营。

三、为什么不能轻易同意客户晚几天打款

应收账款指的是公司向客户提供产品或服务后,应向客户收取的款项,是公司现金流的重要组成部分。通常来说,在交易时,双方会针对应收账款设置一个还款日期。但在实际交易过程中,很多客户会提出晚几天打款的请求,这时创业者一定不要轻易同意。

在客户付款后,公司需要对款项进行核算并确认收款,这样公司现金流就得到了有效补充。充裕的现金流能够为公司的后续发展奠定资金基础。如果创业者同意客户晚打款的请求,公司现金流得不到及时的补充,可能会给公司的发展埋下隐患。

某电子公司成立于2010年,经营范围非常广,包括电视、空调、电子医疗产品等。经过多年的发展,该公司的规模越来越大。2020年以来,该公司的应收账款不断增加,突破10亿元,占资产总额的20%。同时,该公司的应收账款周转率不断降低。

为了扩大市场份额,2022年9月,该公司与A公司达成合作,委托A公司进行产品销售。而A公司资金实力较弱,只能以赊销方式进货。双方达成合作后,该公司又多了一笔应收账款。

截至2022年12月,该公司应收A公司账款2亿元,而根据该公司对A公司资产的估算,能收回的资金只有1亿元左右。最终,这笔应收账款没有按期收回,导致该公司陷入经营危机。

为应对激烈的市场竞争,提高市场占有率,公司往往会同意经销商进行赊销。但赊销应适度,过度赊销极易引发经营危机。

为了避免应收账款过多,公司需要做好两个方面的工作:一方面,公司应对合作方进行背景调查,了解对方的资金实力、信用情况、以往合作记录

等。如果对方资金实力较弱、信用不佳，那么同意其赊销就存在极大风险，公司需要适当控制赊销金额。

另一方面，公司需要做好应收账款管理工作。在与合作方签订赊销合同时，应明确双方的责任和义务，约定还款期限和违约责任。这样即使对方违约，公司维权也有据可依。同时，在对赊销合同进行管理时，公司需要密切关注对方的还款期限，积极追讨账款。

第三节 密切关注生存线和死亡线

一、6 个月生存线，公司经营警戒线

在现金流管理的过程中，创业者需要注意防范现金流风险。在这方面，创业者需要保证公司账户上有足够支撑公司 6 个月正常运营的现金流。这是创业者需要重点关注的公司经营警戒线。

资深 IT 工作者赵健从互联网大厂辞职之后创办了自己的互联网公司。经过两年左右的发展，公司的经营逐渐趋于稳定，效益十分不错。为了推动公司快速发展，赵健决定扩大公司规模。于是，他通过银行贷款筹集了资金，又找好了场地准备开设分公司。

分公司成立后，公司的规模扩大，业务也变得越来越复杂。赵健十分关注市场动态，每当市场中出现了新的热点，他都在公司中开设新的业务，以抢占市场先机。

但经过一段时间的发展，赵健的公司没有实现有效扩张，反而引发了很

多风险。原来,由于赵健在公司扩张的过程中投入了过多的资金,导致公司陷入资金短缺的困境。无奈之下,赵健通过民间借贷机构获得了一笔资金,但直到账上的钱花完,公司也没有度过这次危机。最终,赵健只得申请破产保护。

很多公司陷入经营危机都是因为现金流出现了问题。不论什么时候,创业者都要保留能够支持公司6个月运转的现金流,这是公司的生存线。

有支撑公司6个月运作的现金流,即使面临资金危机,创业者也有时间寻求融资或寻找合作伙伴,这样就有机会将公司救活。

某玩具公司在财务总结中发现,上季度公司各部门的支出都超出了预算,再加上产品种类增加、生产线扩建等因素的影响,公司面临现金流紧张的问题。

针对当前的现金流危机,该公司一方面强化了现金流预算管理,通过销量预测、价格预测等手段预测未来的业务收入。同时,该公司对各项成本进行预估,合理控制成本。另一方面,该公司通过长期借贷的方式引入了外部资金,顺利解除了现金流危机。在稳定现金流的支持下,该公司实现了正常运转。而在生产线扩建获得更多利润后,该公司顺利实现了进一步发展。

这一案例表明了现金流对公司持续经营的重要性。现金流不仅是公司生存的基础,更是推动公司发展的重要驱动力。当公司面临6个月生存线的现金流危机时,创业者必须迅速采取行动,调整支出结构,积极寻求外部融资,以确保公司能够顺利渡过难关,实现稳健发展。

二、3个月死亡线,公司经营倒计时

除了关注6个月生存线外,创业者还需要关注公司现金流的3个月死亡线。这指的是，一旦公司的现金流只能支撑公司3个月的运营，公司就进入了"死亡"倒计时。这时，创业者需要将解决现金流危机作为第一要务，想尽一切办法解决现金流危机。

徐亮是某电商公司的创始人，经过几年发展，公司业务稳定，获得了不错的收益。为了做大做强，徐亮在2022年3月扩大了招聘规模，员工人数由10余人增加到50余人。

2022年6月，徐亮发现公司的产品销量急剧下滑。经调查发现，出现这种情况的原因是竞争对手为了抢占市场份额采取了低价促销策略。面对这样的情况，徐亮迅速反应，制定了比竞争对手更低的售价。

经过3个月的激烈竞争，徐亮意识到竞争对手实力雄厚，自己难以与之抗衡。此时，除了应收账款外，公司仅剩下120万元可用资金，难以支撑公司3个月的正常运转。在这一关键时刻，徐亮作出了重要决策：先确保公司生存下来，再寻求发展。

人力成本是该公司最大的一项开支，为节省开支，徐亮依据自身需求与员工表现，辞退了部分销售、客服及设计人员。最终，徐亮公司的员工稳定在30人左右。这极大地减少了公司的人力成本开支，确保公司能够正常运转。

此后，徐亮持续加大催款力度，并压缩其他开支。经过3个月的努力，该公司可调动资金达到200万元。尽管公司的盈利有所减少，但是公司面临的生存压力得以缓解。

这个案例提醒创业者一定要谨防现金流危机。当公司面临3个月死亡线的现金流危机时，创业者需要从多个方面入手开源节流，如收回应收账款，减少人力成本、采购成本等。同时，创业者还要加强对现金流的预测和监控，在不影响公司正常运营的基础上减少支出，为公司赢得宝贵的生存时间。

第四节　用好财务杠杆，避免过度负债

在现金流管理过程中，一些创业者可能会通过杠杆运营的方式解决现金流问题，即通过借贷获得资金。这能够在一定程度上解决现金流问题，但如果使用不当，会引发新的财务危机。为此，创业者需要合理使用财务杠杆。

创业者孙洋成立了自己的制造公司，为了节省成本，他通过租赁获得了办公场地和生产设备。为了推动业务稳定发展，孙洋向金融机构贷款 20 万元。

半年后，公司的发展逐渐稳定，获得了不少订单。而后，为了承接一笔大订单，孙洋不得不再次贷款 20 万元，以获得充足的资金采购原材料。

此时，孙洋的公司虽然能够正常运转，但是欠下了 40 万元的债务，需要定期偿还贷款的利息。一段时间后，孙洋公司的产品出现了问题，导致这笔大订单流失。这使公司遭受了严重的损失，而公司依旧需要支付贷款的利息。在一系列压力下，公司的现金流枯竭，难以运营，最终走向了破产。孙洋不仅遭受创业失败的痛苦，还背上了巨额债务。

在上述案例中，孙洋两次贷款，背上了沉重的还贷压力。同时，高杠杆运营使得公司承受风险的能力非常弱，一旦公司的经营出现问题，就会对公司造成巨大打击。

在经营公司的过程中，为了获得更好的经营业绩，创业者往往选择高杠杆运营。对此，创业者需要明白，高杠杆运营意味着高风险。如果公司有较高的杠杆比例，那么就会有较多的有息负债。如果公司经营效益差，就会面临非常大的资金压力，甚至可能因无法按时还本付息而违约。

在高杠杆运营的过程中，创业者往往会根据不同贷款的还款期限和公司的预计收入来制订还款计划。如果出现了突发事件，如预计的收入没有到账、公司产生了计划之外的支出等，就会打乱创业者的还款节奏，导致公司的现金流出现问题，进而引发运营危机。

更为严重的是，一旦公司账上的现金无法偿还某一方的负债，可能会引发连锁反应，其他债权人可能要求提前还款。公司往往难以承受巨大的资金压力，最终可能走向破产清算。

因此，为了避免高杠杆运营带来的潜在风险，创业者应控制借贷的数额，并分析公司的利润能否正常偿还债务的本金和利息。一旦发现公司的利润难以正常偿还债务的本金和利息，创业者应及时采取行动，削减成本开支，以降低公司的经营风险，确保公司稳健发展。

第五节　投资风险管理，合理开展投资活动

合理的现金流管理能够为公司带来更多盈利，因此很多创业者都会基于公司盈利资金进行各种投资活动，如购买债券、投资其他公司项目等。需要注意的是，创业者在关注投资收益的同时也要关注投资风险，并严格把控投资风险。

某公司经过多年发展,已具备较为雄厚的资金实力。为增加收益,该公司同时对多家创业公司进行了投资。但一段时间过后,该公司的经营出现了问题,急需大量资金支持,而公司账户上的资金大部分用于投资,导致现金流不足。最终,该公司不得不宣告破产倒闭。

如果该公司在投资其他公司时做好风险把控,控制投资的额度,保证公司账户上有足够的现金流,那么当后期公司发展出现问题时,也能够安然应对。

一、投资应遵循的原则

为了保证公司稳定发展,创业者应加强对投资活动的风险控制。在开展投资活动时,创业者应遵循四个原则,如图5.1所示。

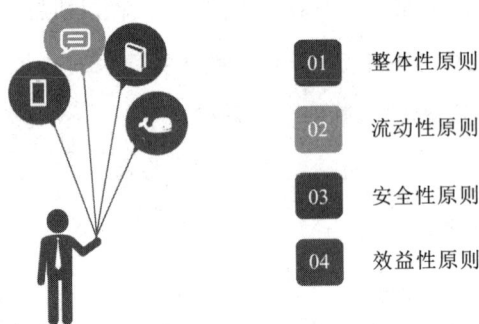

图5.1　开展投资活动应遵循的原则

1. 整体性原则

整体性原则要求创业者在做出投资决策时,要综合考虑各种因素,包括市场环境、政策走向、行业趋势等,从全局出发制定投资策略。这意味着创业者不应仅关注单一的项目或资产,而应从公司整体发展的角度出发,打造多元化的投资组合,以分散风险并提升整体收益。

2. 流动性原则

在开展投资活动时,创业者需要保证资金的流动性。一方面,投资活动不能影响公司正常的资金流动,如果投资活动使得公司其他业务因缺乏流动资金而陷入僵局,那么投资活动就是不科学的。另一方面,创业者应对所投资的项目进行调查,确保项目有良好的变现能力,能够持续为公司带来收入,或者当公司需要补充现金流时,可以随时撤回投资,以获得充足的现金流。

3. 安全性原则

进行任何投资活动都会面临不同程度的风险,因此,创业者必须做好投资风险的规避,保证投资的安全性。在决定投资之前,创业者需要权衡投资回报和风险,结合公司的风险承受能力,做出合理的投资决策。同时,在投资项目之后,创业者需要对项目进行监管,一旦预测到可能会发生风险,就需要及时采取补救措施,提升投资活动的安全性。

4. 效益性原则

创业者在投资前需要考虑效益问题。在分析投资项目时,创业者需要明确不同项目的投资成本、投资收益率,并计算投资回报率。在投资成本与风险相当的情况下,创业者应选择投资回报率更高的项目。

二、建立规范的投资决策机制

除了掌握以上原则外,创业者还要加强对投资风险的管理。具体而言,创业者应建立规范的投资决策机制,保证投资决策的正确性。

1. 严格规范项目投资程序

创业者应尽力避免投资风险的发生,对项目投资程序进行严格规范。提出方案、确定最优方案、拟订投资计划、进行可行性分析等环节,都要按照程序进行。

2. 决策程序不能死板

创业者需要时刻关注公司的经营状况和市场形势。在实施投资方案时,以利润最大化目标为导向,适当优化投资方案。例如,当公司资金流动性较弱时,就要选择获利性强的投资项目,以降低投资风险。

第六章

税务筹划：合理把控税务风险

在创业过程中，税务是创业者需要关注的重要问题。创业者不仅需要通过税务筹划合理避税，还要警惕公司管理中的各种税务问题，把控税务风险。

第一节 金税四期下，税务合规建设

一、四大升级：金税四期有哪些变化

金税四期指的是我国推进的金税工程计划的第四期，于 2023 年 1 月 1 日上线启动，率先在广东、上海、四川、厦门、天津等 10 个省市率先开展试点工作。基于新的税务系统，金税四期将推动财税数字化、税收信息化发展。

具体而言，金税四期带来四个变化，如图 6.1 所示。

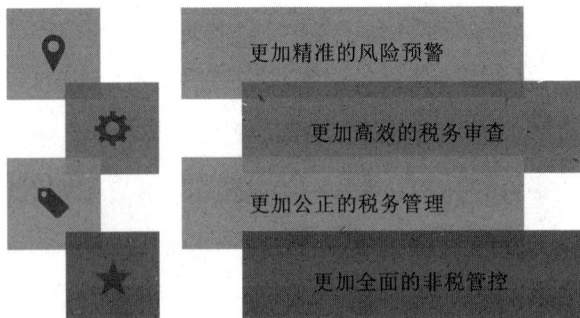

更加精准的风险预警

更加高效的税务审查

更加公正的税务管理

更加全面的非税管控

图 6.1 金税四期带来的四大变化

1. 更加精准的风险预警

全电发票（全面数字化的电子发票）的推进为金税四期的税收管控提供了强大的数据支撑，提升了税收数据流通的效率。此前的由发票形成申报表转变为票表交互，提升了纳税申报表的可溯性，为纳税申报表的审计、检查提供了便利。同时，基于全电发票，税务部门能够更加准确地掌握公司运营信息，拓宽税收风险模型的取数、检查范围，进行更加精准的风险预警。

2. 更加高效的税务审查

税务部门能够通过对公司合同签订、工程进度等数据的分析，发现公司潜在的税收风险，税收风险管控环节有效前置。

同时，金税四期加强了对自然人税收风险管控，对公司的监管不局限在法定代表人、财务负责人、办税人员等传统范畴，还对公司普通职工的用票行为、申报数据等进行监管，审查公司纳税遵从度。

3. 更加公正的税务管理

数字化的税收管理能够使税收管理更加公正、透明。数字化的数据管理、风险监控，能够减少人为主观判断的影响，提升税收管理的公正性和透明性。同时，金税四期的推行将为税务部门提供更多的公司可观测点，将更多的公司经营活动纳入纳税信用等级评价范畴，使信用评价的结果更具权威性、公平性、适用性。

4. 更加全面的非税管控

金税四期强化了对非税收入的管理，如公司员工的社会保险费、文化事业建设费、工会经费、住房公积金等，将数据采集范围扩大到非税收入领域。税务部门可以根据公司税务信息核查非税风险，基于非税收入的缴纳行为、申报数据等，倒推公司税收管理数据。

总之，金税四期在税收管理、公司监管等方面进行了改进，能够实现更加智能、精准的税务管理。创业者需要把握这一变化,规范税务操作,消除税务风险,紧跟税务管理规范化的趋势。

二、依托金税四期进行税务合规建设

金税四期的推行,给公司的税务合规工作带来了新的挑战。创业者需要重点关注公司的税务合规问题,加强公司的税务合规建设。

在金税四期背景下,创业者需要关注以下税务问题,从多方面入手进行税务合规建设:

(1)数据准确性问题。金税四期打造了一个高度数字化的税务系统,为保证税务申报与税务管理的准确性,公司需要提供真实、准确的数据。这要求创业者加强数据管理,保证税务数据的准确性。创业者需要加强内部管理,建立完善的数据管理制度,规范数据采集、录入、存储等方面的流程,保证税务数据的准确性、完整性。

(2)税务风险控制问题。在金税四期背景下,税务部门能够通过核查数据,快速发现公司的税务违规行为。因此,创业者需要加强税务风险控制,规避税务风险。创业者需要在公司中建立完善的风险控制系统,明确税务风险控制的程序、责任,加强对公司税务人员的培训,使其操作具有规范性。

(3)税务申报问题。在金税四期背景下,税务申报能够在线上完成,提高了公司税务申报的效率。公司需要及时、准确地进行税务申报。创业者需要完善公司的税务申报制度,规范税务申报流程,通过培训提高税务人员操作的规范性。

(4)税务审计问题。基于金税四期,税务部门能够通过数据分析对公司进行税务审计。为保证税务审计合规,创业者需要健全财务、税务管理制度，做好相关凭证与记录的留存，及时进行纳税申报。

总之，在金税四期背景下，创业者需要加强数据管理和税务风险控制，提高税务申报效率，规避税务合规问题，推动公司实现健康发展。

第二节 警惕税务异常，及时控制风险

在公司运营过程中，管理疏忽可能导致公司出现税务异常的问题。对此，创业者必须提高警惕，熟知常见的税务异常问题，并在发现问题时迅速采取措施，以及时解除风险。

一、公司被列入税务异常名录的原因

公司被列入税务异常名录可能是以下三个原因：

（1）逾期未申报。如果公司在税务部门规定的期限内没有进行纳税申报，或延期申报后仍未申报，公司就会被税务部门列入税务异常名录。

（2）拖欠税款。如果公司在税务部门规定期限内进行申报，但未缴纳应纳税款或缴纳的税款不足，并且在税务部门规定期限内未补缴，那么公司会因为拖欠税款被列入税务异常名录。

（3）被列为风险纳税人。这种税务异常是由于公司过往缴纳的税款存在问题，被要求配合调查是否存在偷漏税的情况。在该种情形下，公司会被税务部门列入风险纳税人的名单，还会被标记为税务异常。

二、查询公司是否存在税务异常的方法

一旦公司被列入税务异常名录,就会引发许多财税风险。因此,创业者应了解公司的具体财税情况,并及时处理税务异常问题。

创业者可通过以下三种方法查询公司是否存在税务异常情况:

(1)登录税务局网站查询。创业者可以登录地市级以上税务局的门户网站,点击"纳税人状态查询"或"非正常户公告查询",填写公司基本信息或税务登记号码进行查询。这些网站通常会公布违法纳税人的名称、经营地点、违法事实、处理处罚决定、法定代表人以及有关责任人信息等内容。

(2)拨打纳税服务热线查询。创业者可以拨打 12366 纳税服务热线,依据提示输入税务登记号码,查询公司的税务状态。

(3)联系税务专管员咨询。如果公司纳税情况异常被列为非正常户,创业者可以联系公司的税务专管员咨询有关黑名单的具体事宜。

三、税务异常处理流程

如果公司出现了税务异常情况,创业者应及时处理,具体流程如下:

(1)公司提供税务异常情况说明和解除税务异常的理由。

(2)办税服务厅接收以上材料,核对公司报送材料是否齐全、形式是否合规。如资料齐全、合规,则会受理;如资料不齐全或不合规,则会驳回,并告知公司应补充资料或不受理的原因。

(3)管理部门对公司税务异常情况进行调查、核实。

(4)公司补充申报,补缴税款、滞纳金、罚款。

(5)办税服务厅根据管理部门反馈情况,在公司补充申报,补缴税款、滞纳金、罚款后,解除公司税务异常状态。

创业者可按照以上流程解除公司的税务异常。在公司生产经营过程中，创业者一定要重视财税工作的处理和问题的解决，避免出现税务异常情况。

第三节　及时进行税务申报

一些创业者注册好公司后没有第一时间开展业务，也不关注财税问题，这容易为公司之后的经营埋下隐患。即使公司不经营，也需要及时报税。

如果公司忽视税务合规，不按时进行税务核算和申报，轻则被税务机关罚款，重则被列入税务异常名录。要恢复正常状态，公司不仅要办理相关手续，还要缴纳滞纳金和罚款。记账报税是公司自注册成立起就须履行的法定义务，无论公司规模大小，都应确保账目清晰并依法报税。

《中华人民共和国企业所得税法》（以下简称《企业所得税法》）第五十四条规定："企业所得税分月或者分季预缴。企业应当自月份或者季度终了之日起十五日内，向税务机关报送预缴企业所得税纳税申报表，预缴税款。企业应当自年度终了之日起五个月内，向税务机关报送年度企业所得税纳税申报表，并汇算清缴，结清应缴应退税款。企业在报送企业所得税纳税申报表时，应当按照规定附送财务会计报告和其他有关资料。"

公司需要按以上规定，按时核税、报税。同时，即使公司在一定时期内没有业务，也要进行零申报。对于年销售额未超过国家规定标准的小规模纳税人来说，零申报需要填写增值税纳税申报表（小规模纳税人适用）主表。

以季度申报为例,一个季度内未开发票,报表内所有数据为 0 即可。如果季度内缴纳了金税盘技术维护费,那么这个费用可以抵扣增值税税金。

对于年销售额超过国家规定标准的一般纳税人来说,零申报需要填写增值税纳税申报表(一般纳税人适用)报表。本期未开发票,报表内所有数据为 0 即可。如果本期缴纳了金税盘技术维护费,那么这个费用可以抵扣增值税税金。

在财务报表申报方面,一般纳税人资产负债表不可以无数据,而小规模纳税人资产负债表、利润表、现金流量表可以无数据零申报;在个人所得税申报方面,小规模纳税人和一般纳税人每月都要按时进行个人所得税申报。一般而言,个人所得税申报需在每月 15 日前完成。

对于公司来说,零申报是十分重要的,但长期零申报也蕴藏着巨大的风险。

(1)一般情况下,税务机关认定半年以上为长期,如果零申报超过了这一时限,公司就会被税务机关重点监控。税务机关会按照相关规定对公司进行纳税评估,如果发现公司存在隐瞒收入、虚开发票等行为,则会要求其补缴税款与滞纳金,并按规定对其处以罚款。

(2)出于非正常原因,公司连续 3 个月或累计 6 个月零申报,不能被评为 A 级纳税人;如果公司提供虚假资料享受优惠政策,则会被评定为 D 级纳税人,承担 D 级纳税人后果。

(3)持有发票的纳税人长期零申报,不仅发票降版降量,还要接受税务机关对发票使用情况的核查,影响公司业务的开展。

零申报意味着公司不用缴税,但长期零申报可能对公司的财务稳健性和商业声誉造成严重影响。因此,创业者需要正视零申报,不能为了不缴税而长期零申报。当公司实际上有业务发生时,务必及时进行税务申报,确保公司财务状况的透明度和合规性。

第四节 税务筹划误区规避

很多创业者都会有意识地进行税务筹划,但对税务筹划理解不到位,可能导致公司的税务风险大幅上升。要想做好税务筹划,创业者就需要规避税务筹划的误区,避开可能存在的风险。

一、税务筹划的误区

1. 误区一:只要是好会计,就一定懂税务筹划

一些创业者把税款过多归咎于会计人员不懂税务筹划,这是一种误解。由于公司的税是随着业务发展产生的,而业务是由合同决定,合同则是创业者签订的。由此可知,创业者是税务筹划的直接关系人。合同怎么签、业务如何开展等,都与公司需要缴纳的税款有着密切的联系。

税务筹划实际上是在税收结果产生之前,对公司经济行为进行的一系列规划和调整。税务筹划具有明确的目的性和过程性。一旦公司的经济行为已经完成,税收结果已经确定,就不能通过做账来减少税金。

2. 误区二:税务筹划等于节省税金

许多创业者对税务筹划的理解存在误区,认为其唯一目的就是为公司减少税务负担。然而,税务筹划并不仅仅追求降低税金,要在合法合规的前提下,全面考虑公司的整体利益和长远发展。

有些公司在筹划税务时,过于追求减少税金,却忽视了潜在的风险和法

律合规性。这种短视的行为很容易让公司陷入违法的困境,遭受重大的经济损失和声誉损害。

公司在进行税务筹划时需要规避以上误区,保证税务筹划的科学合理性、可操作性和合法性。

二、税务筹划中可能存在的风险

税务筹划是一把双刃剑,运用得好可以给公司带来一定利益,运用不好会给公司带来风险。在市场经济环境多变、税收政策不断完善的背景下,如果创业者缺乏风险意识,盲目进行税务筹划,不但难以实现节税的目的,还可能使公司的日常经营受到影响,从而陷入经营困境。为此,创业者需要了解税务筹划中可能存在的风险并通过合适的方法规避风险。

税务筹划中可能存在三项风险,如图 6.2 所示。

01	税收政策风险
02	税务筹划的主观性风险
03	税务行政执法偏差风险

图 6.2　税务筹划中可能存在的风险

1. 税收政策风险

税收政策风险主要指由于创业者不能正确理解并合理利用税收法律法规,可能导致公司触犯相关法律法规,使得公司偏离税务筹划的预期结果,甚至使公司经营陷入困境。市场经济环境是多变的,政府的相关政策也会根据实际情况进行调整、完善,具有一定的不确定性、时效性。因此,公司在做税务筹划时一定要关注最新政策，这样才能有效规避风险。

2. 税务筹划的主观性风险

税务筹划的主观性风险主要体现在两个方面：一是对现有税收政策的解读和认知存在偏差；二是对税务筹划所需条件的认知和判断出现误差。公司对税务、财务、法律等相关政策和业务的深刻理解与准确判断，是税务筹划成功的关键。若公司对这些方面的理解不深或有偏差，不仅可能无法实现预期的节税效果，还可能增加税务风险。

3. 税务行政执法偏差风险

税务筹划的合法性需得到税务行政机关的确认。但在确认过程中，公司面临着因税务行政执法偏差而导致税务筹划失败的风险。造成这种偏差的原因很复杂。

因此，在进行税务筹划时，公司应充分考虑税务行政执法的偏差风险，并采取相应措施降低这一风险对公司税务筹划的潜在影响。

三、税务筹划风险规避

为了规避税务筹划中的风险，创业者应采取以下策略：

1. 创业者应加强对税收政策的学习，树立风险意识

创业者应强化对现有税收政策的学习以及理解，做到深入、全面地认识所在地区或国家的税收法律法规。这样，创业者才能在进行税务筹划时提前预测可能出现的风险，并制定应对方案；创业者才能在多种纳税方案中挑选出对公司最有利的方案，在合法的前提下实现利益最大化。

同时，创业者应该关注所在地区或者国家税收法律法规的变动，并结合自身的实际情况及时调整税务筹划计划，降低税务筹划的风险，尽可能为公司增加效益。

2. 公司应加强与税务机关之间的联系与沟通

税务筹划的最终目的是合法节税，而取得税务机关的认可与支持是实现这一目标的关键。只有在税务机关认同、公司守法的前提下，税务筹划才能为公司带来实际利益。

但是现实是，由于很多公司的税务筹划方案都是在法律边缘运作，因此有些问题的界定不清晰，很容易导致税务筹划人员错判。对此，公司应正确理解税收政策，加强与税务机关的联系，以便及时了解当地税务机关税收征管的特点以及具体方法，进而规范自己的行为来得到税务机关的认同以及指导。

此外，在经营过程中，公司应始终坚守诚信原则，以真诚的态度与税务机关进行沟通，确保税务筹划活动的合法性和有效性。

3. 提升公司税务筹划人员的工作能力及工作素质

税务筹划成功与否，和公司税务筹划人员的主观判断密切相关。因此，公司税务筹划人员在实际工作中应该培养依据客观事实进行深入分析的能力，尽量避免主观判断。要做到这点，税务筹划人员除了需要拥有税收、财务、会计、法律等方面的专业知识外，还要具备良好的沟通协作能力和经济预测能力。

第七章

高质量团队：
优秀团队助你事半功倍

———

　　创业不是一件仅靠创业者单打独斗就能完成的事情，而是需要团队成员之间密切合作。创业者需要建设一支高质量团队，凝聚更多力量，积蓄更大势能。同时，创业者也需要设置合理的制度、目标等，进行科学的团队管理，挖掘团队的更大价值，进而推动创业走向成功。

第一节　衡量贡献度,合理分配股权

创业团队成员股权的分配应当基于各成员的实际贡献,需要与各成员的贡献度相匹配。出资是一种常见的贡献,场地、技术、销售渠道等对创业有积极推动作用的要素也是重要的贡献。创业者需要量化各成员的各种贡献,按照市场价值,计算出每个成员贡献的价值,按贡献为其分配股权。那么,创业者应如何估算团队成员的贡献?

一、现金或实物等资产

现金是价值最为明确、不需要估值的贡献,只需要按照实际金额进行折算即可。在起步阶段,公司对现金的需求非常迫切,但是在项目发展前景不明朗的情况下,团队成员投入大量现金的风险非常高。因此,在评估创业初期现金的贡献时,应按大于实际金额进行折算。

在进行股权分配时,不能忽视实物资产的价值。实物资产与现金一样,都为公司的发展提供了重要支持。然而,要将其视为现金贡献进行估值,必须满足以下特定的条件：

(1)实物资产必须是公司发展所需的核心资产,如互联网行业的网站服务器。如果是日常生活用品,如微波炉、咖啡机等,就不能算作实物资产。在衡量实物资产的价值时,创业者要遵循"创业需要"这一原则。

(2)实物资产必须是专门为了公司的经营而购买的,如电脑、办公桌、打印机等。被淘汰的办公桌、旧电脑等,不能算作实物资产。

想要估算实物资产的价值,创业者可以向专业的评估师寻求帮助。但创业者要对其价值有一个大致的了解。一般来说,全新的实物资产可以按其购买价格进行估值;而使用过的资产,可以参照当前二手商品的价格进行估值。

二、办公场所

公司需要有一个"根据地",创业者需要根据公司的业务性质选择合适的场地。有的公司只需要一间办公室,有的公司还需要仓库或零售店面,场地的租赁成本是必不可少的财务开支。如果团队成员能够提供场地,就相当于为公司节省了这部分财务开支。那么,公司应该给却未给的场地租金就是其贡献。

三、创意

能作为贡献的创意不是初步的想法,因为其价值有限、可行性有待验证。可以作为贡献的创意是在初步想法的基础上,经过深思熟虑和反复研究,形成的成熟的商业方案。或者,创意已经通过初步验证,进入开发阶段,并已形成原始产品。这样的创意具有明确的市场前景,是真正有价值的贡献。

四、专用技术或知识产权

专用技术或知识产权属于无形资产,对公司的发展至关重要。如果团队成员能为公司提供无形资产,创业者应该参考市场价值将其折算为其对公司的贡献。如果团队成员授权公司使用专用技术或知识产权,那么许可费可视为其对公司的贡献,创业者可以根据公司应向其支付但未支付的费用来折算其贡献。

此外,有的团队成员会将自己开发的产品转让给公司,如已经投入运营的网站、App等。这些产品的转让价可以作为折算依据,创业者可以将市场上类似交易的价格作为参考。

除了上述几种贡献外,公司可能还需要一些其他资源,如销售渠道、客户资源等。这些资源也可以作为团队成员对公司的贡献。无论团队成员为公司贡献哪些资源,创业者都需要合理估算其价值,明确团队成员对公司的贡献值,为其分配相应的股权。

第二节 制定规则,让团队高效运作

一、制定合适的团队制度

创业团队的高效运作离不开制度的支持。创业者需要建立完善的团队管理制度,规范、指引团队成员的行为,推动团队高效发展。在制定制度时,创业者需要紧密结合团队实际情况和发展要求,确保制度具有针对性和实

用性。具体而言,在制定制度方面,创业者需要注意以下两个方面:

一方面,创业者需要搭建一个科学的框架。创业者需要明确团队需要哪些制度,并将所需制度的名称列出来,搭建一个科学、完整的框架。这样才能实现制度对团队管理的全面覆盖,同时避免制度之间交叉、重复。在这方面,创业者可以参考其他团队的优秀管理制度,但要注意不能生搬硬套,要根据自己团队的实际情况进行灵活创新,融入自己的管理理念。

另一方面,团队发展情况及外部环境是不断变化的,因此团队制度要适时更新。当出现以下三种情况时,创业者就需要调整团队制度:

1. 外部环境发生变化

技术发展与社会进步会导致公司经营环境发生变化,新工艺和新技术为团队创新产品与服务提供了强有力的支持,但同时也要求团队必须与时俱进,建立与之相匹配的制度。

2. 团队经营管理理念变化

如今,传统的人事管理理念逐渐被人力资源开发的理念所取代,对管理制度的制定和执行产生了深远的影响。人力资源管理制度的范围、内容和侧重点都需要随之调整,以适应新的理念。

例如,人事考核与评价、工资奖金、培训等方面都需要进行调整,同时还需要补充一些新的制度以适应团队发展的需要。经营管理新知识不断涌现,为修改和完善现有制度、创新更有效的制度体系提供了宝贵的思路和框架。

3. 团队目标或经营方式变化

当团队的经营目标或经营方式发生变化时,原有的制度可能会成为目标实现和业务开展的障碍。因此,创业者应及时对制度进行创新和优化,以确保团队能够顺利应对各种新的挑战和机遇。

合适的制度能够帮助创业者解决团队管理问题。当团队运作出现问题时,往往意味着原有制度已经无法满足团队发展的需要。因此,创业者需要保持敏锐的洞察力,不断调整和优化制度,切勿墨守成规,以确保团队能够持续高效地运作。

二、让会议成为有效的团队沟通工具

团队的运作离不开有效的沟通,而会议是团队沟通的重要手段。创业者可以定期召开会议,与团队成员共同讨论公司问题,并得出解决方案。同时,创业者需要注意,召开会议不能沦为形式,一定要切实解决公司问题。

赵强在创业之初十分重视团队成员之间的沟通问题,制定了召开周例会、月例会的制度。但在执行过程中,召开会议逐渐沦为形式。每次会议上虽然团队成员都积极发言,但提出的问题不能被有效解决,往往针对一个问题召开几次会议都得不出有效的解决方案。这令赵强十分苦恼。

上述案例中的会议显然是无效的。无效的会议通常有以下几种表现:

(1)参而不议。公司员工参加会议,但不对会议内容进行讨论,导致会议无法达到预期的效果。

(2)议而不决。公司员工在会议上讨论了问题,但未能形成解决方案,使得问题依然悬而未决。

(3)决而不行。会议作出了决策,但没有得到有效的执行。

(4)行而无果。员工执行了会议的决策,但没有达到预期效果。

想要召开一场有效的会议,创业者必须做好三方面的准备工作。

1. 会前准备

"凡事预则立,不预则废。"创业者要想高效地召开会议,制定标准化的会议流程、做好会前准备工作是必不可少的。

(1)创业者需要明确召开会议的必要性。如果是为了开会而开会,那么这样的会议是无效的。在召开会议前,创业者应该确定会议是否有必要召开,明确召开会议的作用。

(2)创业者要确定会议的目的。确定了会议的目的,才能进一步对会议内容进行规划。

(3)创业者要明确会议的议题。议题即会议要解决哪些问题,主导着会议的方向。议题有主次和先后之分,这样才能够保证问题被高效解决。

(4)创业者要设计好会议的流程。在会议开始时,创业者需要对员工说明会议的目的、讨论的主要问题等。同时,创业者需要设计好每个议题的讨论时间和顺序以及每个部门、每位员工的发言流程。

2. 会中控制

在会议召开过程中,创业者需要控制好会议的进程,确保会议能够按照设计好的流程顺利进行。创业者需要把控员工讨论的时间,每个议题的讨论时间截止时,无论有没有讨论出结果,都不应该再继续,否则就会影响接下来议题的展开,也会影响会议的整体进度。

3. 会后跟进

会议是否有成效,关键在于会后跟进工作是否做到位。创业者应认识到,会议只是解决问题的起点,而真正的挑战在于如何将会议形成决策转化为实际的行动和结果。为了确保会议决策得到有效实施,创业者可以采取以下措施来加强会后跟进工作:

(1)明确责任和任务分配。在会议结束后,创业者应及时整理会议纪要,明确每个人的职责和任务,确保每个人都清楚自己的责任范围和工作要求。

(2)设定明确的时间节点和目标。对于每项任务或项目,创业者应设定明确的时间节点和预期目标,以便跟踪进度和评估效果。

(3)建立激励和考核机制。为了激发团队成员的积极性和创造力,创业者应建立合理的激励机制,如奖励制度、晋升机制等,还应建立考核机制,对团队成员的工作表现评估和反馈,以便及时发现问题并进行改进。

会议时间很宝贵,为了保证会议的效率,创业者应按照既定的流程召开会议。创业者需要在会前做好充分准备,在会中严格把控会议进度,在会后持续跟进问题的解决进度。只有做到这些,会议才是有效的。

三、设置合理的团队目标,引导员工工作

为了实现团队的高质量运作,创业者需要设置合理的团队目标,让团队目标指引员工的工作。具体来说,创业者需要设置具有挑战性但可实现的目标,让员工看得见目标,并努力完成目标。

设定看得见的目标,员工的工作才有盼头。创业者在为员工设定目标时一定要考虑目标的可实现性,如果制定的目标难以实现,会极大地挫伤员工工作的积极性。但是,创业者也不能为了实现目标而设置过于简单的目标,过于简单的目标难以激发员工工作的积极性和工作潜能,也无法提高员工的工作效率。

创业者还要充分考虑目标对员工的激励作用。对此,创业者可以制定一个具有挑战性但最终可以实现的目标。这样能够为员工指明前进的方向,激发员工的斗志。员工会因为完成了具有挑战性的目标而感到自豪,同时也会为了获得这种自豪感而更加积极地工作,从而提高工作效率。一些创业者会利用有挑战性的目标来激励员工做一些看似无法实现的事情。

创业者吴昊创办了一家电子产品制造公司,经过两年左右的发展,公司趋于稳定。在此后推出新产品后,为尽快打开市场,吴昊为销售部门制定了一个极富挑战性的目标:第一个季度结束时,整个销售团队的新产品销售量要达到 10 万件。

知道了这个目标后,销售人员议论纷纷。一些员工认为,新产品的受众

不广泛，这是一个无法实现的目标；也有一些员工认为这个目标值得一试。吴昊通过员工反馈的信息，制定了一系列奖惩措施，在挑战性目标和奖惩措施的激励下，员工都在业务上投入了更多的精力。

经过一个季度的努力后，新产品的销售目标实现了。员工都在这一季度的工作中付出了更多的努力，在获得更多奖励的同时也获得了成长。

团队目标具有挑战性，才能调动员工的潜能和工作积极性，才能促使员工努力提升自己，从而更容易实现团队目标。当目标完成时，员工会获得成就感，团队的凝聚力会更强。创业者要建立一支高效的团队，就要先设定一个明确的、有挑战性的目标，为员工指明方向。

总之，管理者在设定目标时，要平衡目标的可实现性和挑战性，在保证目标可实现的前提下也要保证目标能够对员工起到激励作用。

第三节　完善薪酬体系，多劳多得

薪酬体系对团队结构、士气、绩效等方面具有深刻影响，是创业者搭建高质量团队的重点。创业者需要完善团队薪酬体系，发挥薪酬体系维系员工、激励员工的作用，进而驱动团队发展。在完善薪酬体系时，创业者需要注意薪酬体系的激励性和平衡性。

一、薪酬体系的激励性

创业公司要想在激烈的竞争环境中生存和发展，就要充分激发员工的积极性和主动性,获得更多效益。因此,在设计薪酬体系时,创业者需要充分考虑薪酬体系的激励作用。在这方面,创业者需要注意以下几点:

1. 需要体现出差别

要想发挥薪酬体系的激励作用,就要体现出差别。创业者需要根据岗位职责的大小和岗位价值的高低,对薪酬进行划分。同时,即使是同一个岗位,创业者也要考虑每位员工为公司创造的效益,对其进行相应的激励。例如,将绩效奖金、补贴、保险等作为基本薪酬的补充,以强化薪酬的激励作用。

2. 注重激励的时效性

激励的时效性要求创业者密切关注员工的工作表现,一旦发现员工有出色的表现或取得了显著的成果,就应立即给予奖励或肯定。这种及时的正面反馈能够让员工感受到自己的努力得到了认可,进而释放更大的工作热情。

为了实现激励的时效性,创业者可以采取多种手段,如提供即时的奖金、发放荣誉证书、公开表扬等。这些方式都能够表达对员工的认可和鼓励,让他们在接下来的工作中保持高昂的斗志和积极的态度。

3. 考虑激励的成本

要想使薪酬体系具有激励性,创业者就需要设计各种激励性薪酬。激励性薪酬是基本薪酬的补充,其是否有效,要看最终的产出效益。如果产出效益比较低,那么激励薪酬就是无效的。因此,在设计激励性薪酬时,创业者需要做好投入和效益产出的分析,还要在实践中不断调整,进而达到用较低投入实现较高效益产出的目的。

二、薪酬体系的平衡性

创业者需要在保证内部公平的前提下对员工进行有效激励。因此,创业者不仅要考虑不同岗位员工的价值贡献,还要考虑同一岗位员工的价值

贡献,并在薪酬上有所区分。在评估员工价值贡献时,创业者需要考虑资历、绩效表现两个因素:

1. 资历

员工的资历是一个综合指标,涵盖了学历、工作年限、实际工作经验等多个维度。以学历为例,很多公司在员工晋升方面都会对员工的学历提出要求,职位越高,对员工学历的要求也越高。这能够确保职位晋升公平合理,有利于团队吸引和留住高素质人才。

2. 绩效表现

正所谓"多劳多得",创业者要为业绩更好的员工发放更多的奖励。创业者需要将员工的绩效表现和薪酬联系起来。例如,创业者可以定期对员工进行绩效考核,通过考核的员工可以获得加薪的机会,没有通过绩效考核的员工,薪酬保持不变。

一般而言,员工获得薪酬的条件有两个:一是员工的工作能力符合岗位任职要求;二是员工按照岗位任职要求完成具体工作。对此,创业者需要将公司的年度经营活动进行分解,明确各岗位的任职要求。人力资源部门按照岗位的任职要求招聘员工,员工根据岗位规定的工作职责进行工作。岗位的任职要求和员工的工作职责是创业者制定岗位薪酬的基础和标准。

三、设计合理的薪酬体系

完善的薪酬体系不仅能确保员工获得与其贡献相匹配的报酬,还能为员工提供职业发展的明确路径,从而激励他们不断提升自身薪酬水平。完善的薪酬体系应包括员工的固定薪酬、业绩薪酬和福利,要体现出公平性。在兼顾激励性和平衡性的基础上,创业者可以从以下四个方面入手,设计出合理的薪酬体系:

1. 保证员工薪酬的内部公平

薪酬的内部公平是指员工的薪酬要合理地反映出各岗位对团队整体业绩的贡献,要能够突出不同贡献之间的薪酬差距。这意味着,不同岗位、不同职责之间应存在明确的薪酬差异,以体现其重要性和独特性。创业者需要从岗位所需的知识技能、能力水平以及所承担的责任大小等多个维度进行深入分析,基于分析结果,合理划定薪酬差异的范围,并据此设立清晰的岗位薪酬等级。

2. 保证员工薪酬的外部公平

外部公平是指团队的薪酬体系是否具有市场竞争力。一方面,创业者在设计各岗位薪酬时,需要参考同行业其他公司的薪酬水平,确保薪酬对求职者有一定的吸引力;另一方面,创业者需要随时了解同行业其他公司的薪酬变化情况,确保团队的薪酬水平始终保持竞争力。

3. 对员工进行业绩考核,为员工提供业绩薪酬

业绩薪酬能够使员工的工作成果在薪酬中有所体现,有利于提升员工的工作积极性。

4. 提供多样的福利

福利包括社会保险、住房补贴、交通补贴、培训深造等。福利可以提高员工对工作的满意度,降低员工的流失率。

第四节　建立共同愿景,激发员工使命感

创业者建立团队的共同愿景,能够统一员工思想,凝聚员工共识,提升

团队的凝聚力。在共同愿景的指引下，员工更具使命感，能够瞄准共同的方向积极协作，为愿景的实现而努力。

一、共同愿景指明前进方向

某电商公司创立 3 年，发展比较稳定。2023 年初，该公司出现经营危机，销售额大幅下滑。员工对自己的未来忧心忡忡，有些员工甚至已经开始计划重新找工作。尽管公司创始人杨寒召开会议向员工表明困难只是暂时的，正在推进有效的解决方案，但员工依旧人心惶惶。

面对这种情况，杨寒十分担心，他深知员工的负面情绪会对公司的发展造成严重影响。为了重振士气，他决定进一步完善并强化公司的共同愿景，激发员工与公司共同应对挑战的决心。

为了实现这一目标，杨寒首先对公司的愿景进行了梳理和完善，使其更具凝聚力和指导性。他强调，公司的愿景不仅是公司未来发展的蓝图，更是每位员工个人成长的指引。因此，他积极与员工沟通，倾听他们的意见和期望，帮助他们将个人的愿景与公司愿景相结合，形成一致的目标和方向。

在这一过程中，杨寒不仅向员工详细阐述了公司愿景的内涵和意义，还通过一系列宣传活动，引导员工树立与公司愿景相契合的个人愿景。

为了确保愿景的落地实施，杨寒与员工进行了深入的沟通，了解他们在职业发展、个人成长等方面的需求和期望。基于这些信息，他有针对性地为员工制订了个性化的帮扶计划，帮助他们克服个人成长中的困难，实现个人愿景与公司愿景的有机统一。

这些举措不仅极大地提高了员工的工作积极性和使命感，还稳定了员工的情绪。在接下来的两个月里，在杨寒和员工的共同努力下，公司的销售额逐渐回升，经营危机得以顺利化解。

上述案例中的公司正是通过建立员工和公司的共同愿景,稳定了员工思想,从而渡过了难关。这表明了建立共同愿景的重要作用,共同愿景为公司和员工指明了共同的前进方向。

二、建立共同愿景的条件

建立公司与员工的共同愿景能够激发员工的使命感和工作积极性。建立共同愿景需要满足三个条件:得到所有员工的认同;保证所有员工都是自愿实现共同愿景的;让所有员工都能够体会到为共同愿景奋斗的意义。

三、建立共同愿意的注意事项

在建立共同愿景时,创业者需要注意以下几点:

(1)从全局出发,是建立共同愿景的基础。

(2)在建立共同愿景的过程中,创业者与员工要加强交流,只有在交流中,双方的愿景才会达成共识。创业者要主动了解员工的想法、价值观、愿望。不同的人有不同的想法,有的人希望变化,而有的人不想变化,有的人则是等待变化。面对不同的员工,创业者需要采用不同的激励方法,对其做不同的思想工作。

(3)创业者要经常向员工宣传共同愿景,以引导员工的思想。

共同愿景激发了员工的使命感,能够促进员工协作,激励其朝着共同的方向努力,这对公司的长远发展至关重要。创业者需要与员工共同完善共同愿景,以共同愿景指引员工的工作,提升公司的凝聚力和竞争力。

第八章

产品方案：创新和迭代是永恒主题

优质的产品是创业者创业成功的关键。创业者需要设计完善的产品方案，打造出符合用户需求的产品。同时，创业者也需要时刻关注市场机会与用户需求变化，及时进行产品迭代、推出新产品，使产品始终保持竞争优势。

分析市场,找准市场定位

在设计产品方案、打造优质产品时,创业者首先要对市场进行分析,选择适合进入的细分市场。这有助于创业者明确产品定位,有针对性地打造产品。

一、细分市场的方式

创业者可以按照三种方式进行市场细分:按照用户人文特征划分,包括性别、年龄、职业、文化程度等;按照地理环境划分,包括地理位置、人口分布、人口密度等因素;按照用户的消费行为划分,包括购物频次、购物的种类等。

二、细分市场的步骤

细分市场多种多样,创业者可以根据图8.1所示的三个步骤选出适合自己的细分市场。

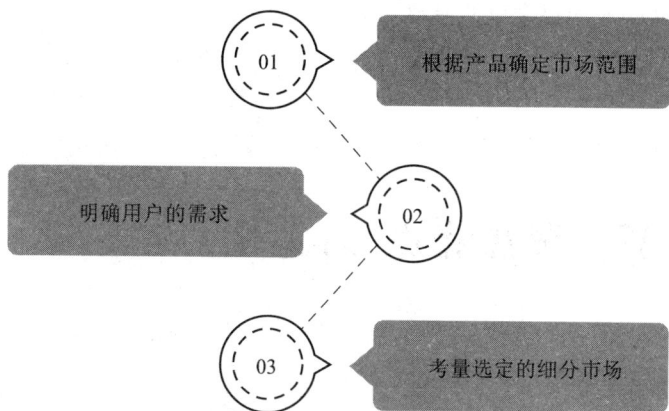

图 8.1 选择细分市场的步骤

1. 根据产品确定市场范围

在选择细分市场时，创业者应该根据产品来确定市场范围。例如，对于一个服装领域的创业者而言，其需要明确自己是想打造高端服装产品还是大众服装产品，然后有针对性地对相关市场进行细分。

2. 明确用户的需求

在确定了市场范围后，接下来创业者需要深入研究目标用户的需求和偏好。创业者可以通过市场调研、用户访谈、数据分析等多种手段，获取用户对产品的期望、使用场景、购买动机等关键信息。明确用户的需求是选择细分市场的基础，也是确保产品与用户真实需求相契合的关键。

3. 考量选定的细分市场

在收集到足够的用户需求信息后，创业者可以开始筛选和评估细分市场。这一步骤涉及对细分市场的规模、增长潜力、竞争格局、用户画像等多方面的考量。通过对比分析不同细分市场，创业者可以挑选出与产品最为匹配、最具发展潜力的细分市场作为目标市场。

选择细分市场是一个系统化的过程。在这一过程中，创业者需要运用多种市场研究工具和方法,不断迭代和优化选择,确保最终选择的细分市场能够为产品的成功奠定坚实基础。

第二节 聚焦痛点,打造卖点

一、聚焦用户痛点进行产品设计

当前市场中的同类产品多种多样,只有切实解决用户痛点的产品,才会受到用户青睐。

在设计产品时,创业者需要聚焦用户痛点打造产品功能,展现产品的价值。具体而言,创业者需要做好以下几个方面:

(1)将用户放在第一位,以用户为中心设计产品。创业者在设计产品时应该从用户的角度出发,深入挖掘他们的需求和期望,确保产品真正满足他们的实际需要。这要求创业者具备用户思维,站在用户的角度思考问题,并客观地分析目标用户群体,以便为他们量身打造符合其需求的产品。

(2)从合适的角度切入,制定产品策略。例如,从用户体验角度出发,创业者可以设计出更加简洁、易用的产品。简化操作步骤,降低产品的使用门槛,不仅能提升产品的易用性,还能提升用户的满意度和忠诚度。

(3)真正理解用户的痛点,聚焦用户痛点设计产品。例如,一些功能多样的小家电深受用户喜爱,但它们往往存在难以清洁的痛点。如果在设计产品时使用防水、防污的材质,或者加入一键清洗的功能,就能精准解决用户痛点,为他们带来更加便捷、愉悦的使用体验。

在设计产品时，创业者需要聚焦用户痛点，打造产品的核心功能。这样才能引起用户的兴趣，获得用户的青睐。

以社交 K 歌 App 唱吧为例，其独特的产品设计让其成为深受用户欢迎的爆品。在唱吧未上线之前，市面上的音乐类手机应用软件的主要功能是听歌，用户只能作为听众和着音乐哼唱。而唱吧关注到用户只能在手机上听歌而不能唱歌的痛点，打造了一个可以随时随地歌唱的平台。

唱吧通过深入分析和研究用户的需求，将先进的 K 歌技术集成到手机应用中，并加入分享功能。这不仅满足了用户对唱歌的需求，还使他们的歌声能够被好友听到。这种精准满足用户心理需求的产品设计，使得唱吧一经推出便迅速引起了市场的热烈反响。

因此，对于创业者来说，挖掘用户的痛点并针对性地设计产品功能至关重要。只有真正解决用户的实际需求，产品才能在竞争激烈的市场中脱颖而出，赢得用户的喜爱。

二、打造清晰的产品卖点

要想从一众同质化的产品中脱颖而出，创业者需要打造清晰的产品卖点，让产品形成差异化特色，进而加深用户对产品的认知。

牙膏最初的功能是清洁口腔，市面上大多的牙膏都是主打这个功能。后来，为了打造差异化特色，佳洁士将美白作为牙膏的卖点、高露洁将防蛀牙作为牙膏的卖点，产品销量大幅提升。

而在竞争激烈的市场中，百年中华老字号云南白药凭借其优势，打造出独特的云南白药牙膏。云南白药被认为是"止血神药"，旗下的创可贴、喷雾等产品广受好评。而云南白药牙膏主打含有云南白药活性成分,定位为"药物牙膏",专门针对口腔溃疡、牙龈肿痛的人设计,开辟了新的牙膏品类,打造了清晰的产品卖点。产品一经推出,就受到了口腔疾病患者的喜爱。

另外,云南白药是认证的地理标志产品,是商务部认证的第一批中华老字号。这些认证的加持使云南白药牙膏显得更加专业,也让口腔疾病患者对其更加信任。

每个用户对产品的期望和需求是不同的,打造清晰的卖点对于推广产品、提升产品销量具有重要作用。例如,在选择牙膏产品时,虽然清洁口腔是人们共同的追求,但有的人也有美白牙齿、预防蛀牙、治愈口腔溃疡等细分需求。因此,针对不同需求,打造具有差异化卖点的牙膏产品,可以吸引不同类型的用户。

在产品开发阶段,创业者应深度思考并明确产品的核心功能和独特之处,从而打造与众不同的卖点。这不仅有助于产品在竞争激烈的市场中脱颖而出,还能为消费者提供更为精准和个性化的选择,进一步满足他们的需求。

第三节　产品迭代与创新,建立市场优势

一、产品迭代,建立竞争优势

产品迭代能够推动产品持续发展,使产品拥有长期的竞争优势。在打

造产品的过程中,创业者需要关注市场变化,基于用户不断变化的需求迭代产品,深化产品竞争优势。

在具体操作上,公司的研发团队需要逐步推进产品迭代。产品迭代的流程如图 8.2 所示。

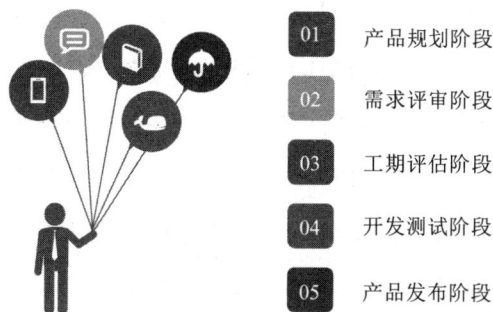

图 8.2　产品迭代的流程

1. 产品规划阶段

在这一阶段,研发团队需要明确产品迭代的主要目标。此外,通过收集和分析用户反馈、市场调研和数据分析等,研发团队要了解用户对产品的期望和需求,从而制定产品规划,确定迭代的优先级和方向。

基于迭代目标和用户需求,研发团队需要制定详细的功能规划,包括确定要开发的新功能、优化现有功能的方案以及修复已知问题的计划。同时,要对功能进行优先级排序,确保先实现对用户影响最大、价值最高的功能。

2. 需求评审阶段

确定迭代需求后,就进入了需求评审阶段,这一阶段包括两个核心环节:需求确认和原型评审。

(1)需求确认。研发团队需要召开会议对迭代方案的合理性与可行性进行确认,及时发现、改正问题。

(2)原型评审。在确认提出的方案可行后,研发团队需要召开原型评审会议,以及时发现并解决产品设计中的问题,确保产品在投入生产前符合相关标准。

3. 工期评估阶段

工期评估是在产品迭代过程中的一个重要阶段,主要是对设计、开发、测试、验收和发布等各个环节所需时间的预估和评估。这一阶段的目的是确保团队对整个迭代过程的时间节点有清晰的认识,从而能够合理规划工作进度,避免延误或赶工的情况。

在进行工期评估时,研发团队会综合考虑各种因素,如任务的复杂性、资源的可用性、团队成员的技能水平等。他们会对每个任务所需时间进行分析,并根据经验和实际情况来预估每个任务所需的时间。同时,他们会考虑到可能的风险和不确定性因素,如需求变更、技术难题等,以确保评估结果的合理性和准确性。

4. 开发测试阶段

在这一阶段,研发团队需按照预定的设计稿进行开发,并持续跟进开发进度。同时,团队还需进行严格的测试,确保所有需求都得到满足,并在测试通过后预留时间进行成果验收。

5. 产品发布阶段

在进行成果验收后,研发团队可以着手发布迭代后的产品,并密切关注发布后的市场反馈。基于这些反馈,团队可以开始准备下一次的迭代工作,从而形成一个持续优化的良性循环。

二、抓住市场机会,研发新产品

除了推进产品迭代外,创业者也需要把握新的市场机会,加速新产品研发。创业者需要从四个方面入手识别市场机会，如图 8.3 所示。

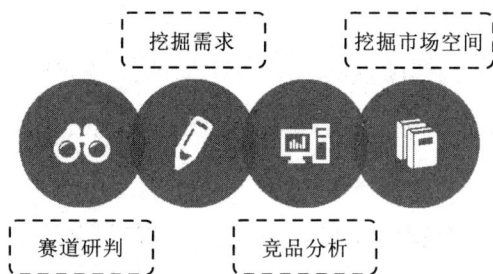

图 8.3 识别市场机会的四个方面

1. 赛道研判

创业者需要敏锐地捕捉市场发展趋势，并对特定赛道进行深入研判。顺应市场趋势推出新产品，更容易打开巨大的市场空间，有机会抢占市场先机。

在进行赛道研判时，创业者应从宏观层面分析行业趋势，如国家政策的导向、行业的整体走向以及国际市场的动态。此外，还需考虑地域、文化、习俗等对产品的市场接受度和推广效果有显著影响的因素。

通过综合考量这些因素，创业者可以更加精准地把握市场脉搏，明确产品研发方向，从而在激烈的市场竞争中脱颖而出。

2. 挖掘需求

创业者在进行赛道研判后，还需要进行细致的市场调研，以定位目标用户、描绘用户画像、确认用户的刚性需求与痛点。创业者对市场需求与痛点的认知水平，决定了其产品研发的水准。一个优秀的产品能够解决用户的核心需求与痛点。

3. 竞品分析

创业者需要对市场上已有产品的发展现状、优势、不足进行分析，即进行竞品分析。根据竞品分析的结果，创业者可以了解市场上产品的优点与缺点,推出更有优势、更具竞争力的产品。

4. 挖掘市场空间

一般来说,市场空间越大,新产品的发展潜力就越大。创业者需要具有行业敏感度与精准的判断力,这样才能抢占市场先机。创业者可以从四个角度对市场空间进行分析。

(1)用户基数。这指的是对某一特定产品有需求的用户总数及其增长速度。通常情况下,用户基数越大、增长速度越快,产品的市场潜力就越大。

(2)购买意愿和购买力。这指的是目标用户对产品的购买欲望以及他们实际上的消费能力。一款新产品想要获得成功,目标用户不仅需要有强烈的购买意愿,还要有强大的购买力。

(3)消费规模。基于用户基数以及用户购买意愿和购买力,创业者需要预估新产品在市场上的年销售额、需求量及增长趋势。

(4)发展趋势。创业者需要分析目标市场的历史发展情况和未来发展趋势,判断这一赛道是否还有发展空间。

创业者需要通过一系列分析,筛选出最有价值的市场机会,从而精准出击,推出优质的新产品,获得更多效益。

三、以合理的流程推进新产品研发

明确市场机会后,创业者就可以有针对性地进行新品研发,通过一系列流程驱动研发方案落地。具体而言,创业者可以基于以下流程推进新产品研发:

1. 发现:创意识别与筛选

在这一阶段,创业者不仅要孵化出新颖的产品创意,还要对这些创意进行识别与筛选。具体而言，创业者需要评估创意是否符合市场需求、技术可行性以及潜在的经济回报，以筛选出最具价值的创意，集中资源将其转化为产品，避免资源浪费。

2. 定义：业务分析与概念开发

在定义阶段，创业者需要通过深入的业务分析和精细化的概念开发，将产品创意转化为具有市场竞争力的项目。

这一阶段涵盖多个方面。首先，创业者要对提出的产品创意进行全面的业务分析，评估其市场潜力、技术可行性以及潜在的盈利能力。其次，创业者需要进行精细化的概念开发。这包括对产品创意的深入挖掘，明确产品的核心功能和特点，以及其在市场中的差异化优势。同时，创业者还需对产品的开发路径、技术实现方式进行规划并识别潜在风险，确保产品开发顺利进行。

3. 设计：概念具体化

设计阶段聚焦于将产品概念转化为具体的设计方案。这包括技术验证、建立设计和性能标准、基于用户反馈进行迭代优化，以及估算开发和发布成本。此阶段的关键是与用户进行密切互动，通过模型测试确保新产品与预期相符，能够满足用户需求。

4. 开发：实现商业化

开发阶段是新品研发流程的核心。在这个阶段，新产品已经基本成熟，能够满足用户的需求。在这一阶段，创业者的主要任务是确保产品的最终开发与测试得以顺利完成。这不仅包括对产品各项功能的细致打磨，还涉及对产品使用体验的全面优化。

为了确保产品上线后的稳定性和用户体验的流畅性，创业者需要对产品进行严格的测试，确保每一个细节都达到最高标准。当产品通过所有测试并确认无误后，便可以正式上线，迎接市场的检验。

以上便是新品研发的四个步骤,遵循这四个步骤,创业者能够将创意转化为具有市场竞争力的产品,为公司挖掘新的增长点,强化公司的竞争优势。

第四节 王饱饱:打造爆款产品

对于公司而言,爆品是引流和吸金的核心产品,也是公司打造产品的终极目标。在产品同质化严重的情况下,聚焦目标用户进行产品创新才能打造出爆款产品。

食品品牌王饱饱通过精准定位目标用户、产品创新等打造爆款产品。其爆品方案包括四个方面,如图 8.4 所示。

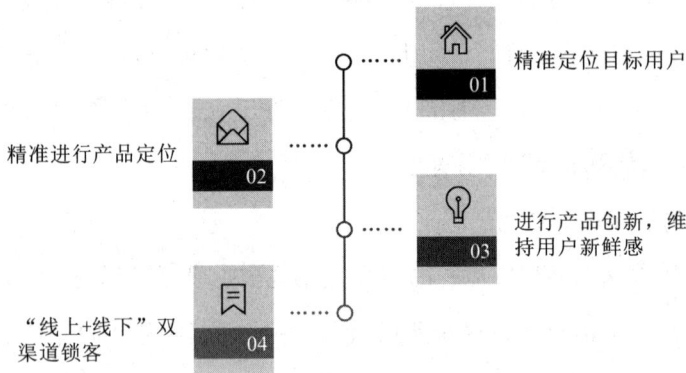

精准进行产品定位
02

精准定位目标用户
01

进行产品创新,维持用户新鲜感
03

"线上+线下"双渠道锁客
04

图 8.4 王饱饱的爆品方案

1. 精准定位目标用户

在当前的消费市场中,"90 后""00 后"已经成为消费主力军。这些用户具有鲜明的特点,例如,崇尚个性化,对感兴趣的产品消费意愿十分强烈;敢于尝试，对产品的健康度有一定的要求；喜爱高颜值产品。王饱饱将这些年轻用户作为自己的目标用户，打造出符合该类用户消费理念的产品，很容易吸引其购买。

2. 精准进行产品定位

新生代的消费群体对产品的要求更高，既要美味又要健康、安全。王饱饱根据用户群体的要求，将产品定位为健康产品，将富含膳食纤维的麦片与各类水果混合，兼具颜值与美味，同时满足了用户对健康的要求。

3. 进行产品创新，维持用户新鲜感

王饱饱对用户需求进行深入挖掘，持续进行产品创新，每两个月便会推出一款新产品，根据季节的变化还会推出应季产品，以维持用户的新鲜感。王饱饱还让用户参与产品研发，用户可以通过活动参与产品测评，将意见反馈给王饱饱。

王饱饱与著名国漫 IP 罗小黑合作推出了许多国风联名产品，对产品的食用场景进行了创新，增强了产品的趣味性；与伊利联手打造了潮玩礼盒产品，用户可以用精致的浴缸碗装麦片、牛奶，满足了其吃和玩的双重需求，迎合了互联网趣玩的营销逻辑。

4. "线上＋线下"双渠道锁客

王饱饱采取"线上＋线下"双渠道策略，以全方位锁定并吸引目标用户。在线上，王饱饱入驻天猫平台，打开线上市场，提升了品牌知名度，积累了很多用户。

基于线上市场，王饱饱积极开拓线下市场。通过举办多样化的线下活动，用户能够亲身感受王饱饱产品的卓越质量和独特魅力。而且，线下体验不仅增强了用户对王饱饱的信任，还为他们提供了与品牌深度互动的机会。

王饱饱巧妙地结合线上与线下的优势，以线上营销提升品牌知名度，以线下活动深化用户互动,从而更有效地占据用户心智。在竞争激烈的市场环境中,王饱饱深谙产品突围的不易,因此始终坚持深入市场调研、精准定位产品,确保能够满足用户的真实需求,进而实现品牌价值的最大化。

第九章

裂变式营销：瞄准目标做集中投放

　　裂变式营销是一种高效的营销方式，注重口碑传播和社群效应，核心理念在于通过精确瞄准目标市场，集中投放营销资源，更精准地触达目标受众，从而以点带面，迅速扩大品牌影响力，实现品牌的裂变式增长。

第一节　打造营销差异点，有效曝光

一、明确品牌主张，打造营销差异点

在信息碎片化时代，用户每天都会接触到大量信息。要想营销内容被用户记住，公司就需要明确品牌主张，打造营销的差异点。具体来说，公司可以从五个方面出发打造营销差异点，如图 9.1 所示。

1. 定位差异化

差异化的定位是品牌和产品成功的基石，是打造独特的品牌形象和凸显产品的核心优势的关键所在。以海澜之家为例，其以男装为差异化定位的核心，提出了"男人的衣柜"这一口号。通过推出涵盖休闲、商务、运动等多样风格的服装，海澜之家满足了不同年龄段和职业男性消费者的个性化需求，从而在竞争激烈的服装市场中脱颖而出，实现了品牌与业务的双重增长。

2. 品类差异化

在市场竞争格局基本稳定的情况下，公司可以采取品类差异化策略，以

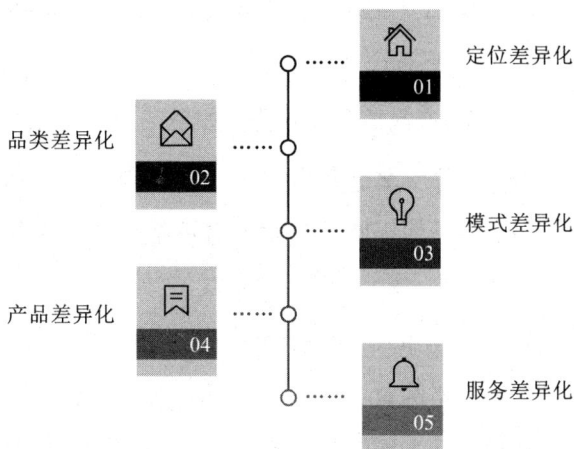

图 9.1 打造营销差异点

创新思维重新划分产品品类，改变用户对产品品类的固有认知。例如，Swatch 腕表就通过改变消费者对品类的认知，引领腕表进入时尚领域。其向用户传达了一种新的理念：腕表不是一种单纯的计时工具，而是一种"戴在手腕上的时装"。

3. 模式差异化

公司可以通过经营模式的差异化打造竞争优势。例如，在淘宝、京东两大巨头的竞争压力下，拼多多依旧实现了快速增长。这就得益于其经营模式的差异化。不同于淘宝、京东等以分销为主的综合零售平台，拼多多的特色在于基于社交分享的拼团模式。拼多多的引流、成交等多环节都具有浓厚的社交属性，是典型的社交电商。

4. 产品差异化

产品差异化也是打造营销差异点的重要切入点。公司可以采用以下几种方法打造差异化产品：

（1）产品功能差异化。产品的功能和用户的利益密切相关，也是很多用户关注的要点。以洗发水为例，海飞丝洗发水以去屑作为差异点、飘柔洗发水以柔顺作为差异点、霸王洗发水以防脱作为差异点。

（2）产品成分差异化。如果产品具有原材料优势，那么公司可以从这一角度入手宣传产品的差异化优势。例如，很多氨基酸护肤品都会突出氨基酸这一成分，以突出产品活化细胞、恢复肌肤活力的功能。

（3）产品设计差异化。产品设计是品牌传达其独特理念和风格的重要载体。通过创新的产品设计，公司可以塑造出与众不同的产品形象，从而增强消费者对品牌的认知。以戴森为例，其吹风机、电扇等产品都融入了独特的中空圆环设计（如图 9.2 所示）。这一设计不仅提升了产品的美观度，还成为戴森品牌的标志性符号，使得戴森的产品在市场上具有很高的辨识度。

图 9.2　戴森吹风机中空圆环的设计

5. 服务差异化

在产品同质化严重的今天，服务成为影响用户做出购买决策的重要因素。公司可以从差异化服务入手，提升品牌的竞争力。例如，市场中有许多火锅品牌，但提起优质服务，很多人都会想到海底捞。优质的差异化服务是海底捞的营销亮点。免费的零食、水果、美甲，生日福利，儿童游乐场等，都体现了海底捞的优质服务。

二、有效曝光，提升营销效果

要想实现裂变式营销，公司首先要保证营销内容能够被更多人看到，这样才能实现营销转化。公司可以从以下几个方面入手实现有效曝光，进而提升营销效果：

1. 在目标受众中做到规模化曝光

公司在将品牌或产品推向市场时，需要高曝光实现市场渗透。在互联网时代，信息流动速度很快，对公司营销能力的要求越来越高。一方面，公司需要做长期的大曝光，不断触达目标用户，与其建立连接，唤醒并焕新其记忆，以维持品牌声量。另一方面，公司需要进行短期爆发的刷屏级广告投放，从而在用户群体中产生更强的信息边际效应，塑造品牌的群体共识。

2. 在多样化场景中做到高效曝光

当前，随着智能设备的发展和体验优化，信息的传递场景也在不断更新。除了电脑、手机等终端，电梯广告、地铁广告等为用户了解品牌与产品提供了更多途径。公司需要在多样化的场景中做到品牌信息、产品信息的高效曝光，让用户在通勤、办公、居家生活等诸多场景中都可以接触到品牌或产品信息。

3. 以高吸睛度的内容吸引用户关注

公司要打造高吸睛度的内容，让用户快速记住品牌。

每逢毕业季，人们的搬家需求会急剧增加。在这个特殊时期，针对"年轻人为什么会频繁搬家""搬家的意义是什么"等问题，以搬家服务为主要业务的滴滴货运，策划了一场以"1 001个搬家的理由"为主题的营销活动，将搬家背后的故事、搬家人的心境展示在地铁上，引起了许多人的共鸣。

丰富且真实的搬家理由、橙色主题的强视觉冲击画面、多样的互动玩法，让这一营销活动吸引了许多人的关注。凭借优质的营销内容，再加上地铁人流众多、精准触达等优势，滴滴货运实现了营销话题的广泛扩散，以持续的热度引爆了营销效果。通过此次营销活动，滴滴货运成功打造了便于用户自传播的话题，同时大幅提升了品牌知名度。

规模化曝光、场景化曝光、高吸睛度内容是公司提升营销效果的三大要点。公司从这三方面出发制定营销策略，能够显著提升营销活动的影响力和成效。

第二节　多重手段，为营销助力

一、优质文案，激发情感共鸣

优质文案是产品推广、品牌营销的重要媒介。在购买产品时，用户不仅会考虑产品的功能，还会考虑产品带来的附加价值，如品牌价值、情感共鸣等。优质文案能够激起更多用户的情感共鸣，实现更好的产品宣传效果。

作为厨房电器领域的知名品牌，方太的暖心文案为很多用户带来了情感关怀。"一个人在外，才知道自己，原来很会煲汤""厨房的灯亮了，房子就变成了家""香气漫溢开来，时光就有了味道"……这些温馨的文案道出了生活中的温情和美好，让人觉得洗碗、做饭也可以变得很浪漫。

怎样打造优质文案？优质文案不仅要体现产品特点，还要与用户建立情感连接，让文案打动用户。具体来说，公司可以从三个要点入手打造优质文案，如图 9.3 所示。

1. 从细微之处入手

真正抓住人心的文案，往往源自生活中的细节。从细微之处入手，更容易打造出深入人心的文案。例如，微信曾推出这样一条宣传文案——"世界再大，不过你我之间"。这条文案不仅突出了微信即时沟通、打破地域限制的特点，还拉近了微信与用户之间的距离。

图 9.3 打造优质文案的三个要点

2. 洞察需求，引发情感共鸣

在打造文案时，公司还需要洞察用户的需求，找到与用户的情感连接点，以优质文案引发用户的情感共鸣。生活遭遇、工作问题、父母沟通、恋人相处等都是很好的情感连接点。公司可以聚焦以上连接点打造文案，展现对用户的关心。例如，健身软件Keep的文案"哪有什么天生如此，只是我们天天坚持"道出了诸多健身人的坚持，引发了很多用户的共鸣。

3. 塑造情境，赋予代入感

在文案中融入角色，打造情境，能够让文案更有人情味，加深文案与用户的连接。例如，江小白的文案"盼望大雪的理由，是想和你一起走到白头"，将冬日的大雪与恋人间的深情结合，用诗意的语言描绘了恋人之间对未来的美好期许。这样的文案不仅触动了许多人的内心，更增强了用户的代入感，仿佛自己正身处其中，与所爱之人携手共度每一个温馨时刻。

通过巧妙运用情感共鸣，江小白成功地将品牌理念与消费者情感紧密相连，让人们在品味美酒的同时，也感受到了品牌所传递的温暖与爱意。

总之，优质文案能够凸显品牌主张，以情感连接俘获用户心智，实现更好的营销效果。

二、用好社交媒体渠道，增强存在感

微博、抖音等社交媒体的发展为品牌营销和产品推广提供了新的渠道，能够实现品牌与产品在社会化网络中的传播，提升品牌和产品的影响力。在基于社交媒体进行营销时，公司需要做好以下几个方面：

1. 聆听用户的声音

公司需要聆听社交媒体中用户的声音，了解用户怎样评价自己的品牌和产品、怎样评价竞争对手等。在此基础上，公司可以把握用户需求，设计出符合用户需求的营销活动。

2. 分析并打造社交内容

在当今多元化的社交媒体生态中，每个平台都有其独特的内容呈现方式和受众群体。因此，公司必须深入分析不同平台的主流内容形式，有针对性地设计与之相契合的文案、短视频或长视频内容。这要求公司不仅要了解各平台的用户偏好和互动习惯，还要关注平台上的热门话题，从而迅速调整和优化营销方案。

3. 多与用户互动

在社交媒体营销中，与用户的互动至关重要。公司不仅要精心策划多样的话题，激发用户的讨论热情，更要积极参与其中，与用户进行深入沟通。

在与用户沟通方面，一个重要的策略是让品牌形象人格化。当前，很多公司都尝试用年轻化的形象、接地气的表达与用户沟通，甚至因此登上热搜。

曾经，一个"见过最轻松的工作"的话题登上微博热搜，而热搜的主角就是中式快餐连锁品牌——老乡鸡。老乡鸡的官方微博长期发布不同格式的"咯咯哒"，引发了网友的关注和讨论，被网友称为"最轻松的工作"。

在该话题登上热搜后，各大食品品牌纷纷在老乡鸡的微博下评论，如周黑鸭在老乡鸡微博评论"嘎嘎嘎嘎嘎"，五州牛肉评论"哞哞哞哞哞"等。老乡鸡官方微博也积极在评论区与这些官博互动，评论区热闹非凡。在因"咯咯哒"爆火出圈后，"咯咯哒"成为老乡鸡的代名词。

总之，在借助社交媒体进行营销的过程中，公司不仅要主动设计话题，也要认真倾听用户声音，抓住时机打造营销事件，引爆事件营销的势能。

三、UGC 创作，为营销助力

当前，品牌与用户之间的联系越来越紧密，用户除了是产品消费者外，还可以成为营销内容的产出者，助力品牌营销。当前，已经有不少公司进行了尝试，让用户参与到营销内容创作中，为品牌营销助力。

网易云音乐通过激发用户创作热情，发挥 UGC（user generated content，用户生成内容）势能，为品牌营销注入了新的活力。在网易云音乐平台上，用户可以在评论区分享自己的感悟、故事、歌单等，与其他用户自由交流。这使得网易云音乐成为一个聚集海量文艺青年的社区。

凭借丰富的 UGC 内容，网易云音乐的内容营销颇具亮点。网易云音乐曾经和杭港地铁联合举办"乐评专列"活动，将 5 000 条精选评论投放到地铁上和地铁站内。一句句真情实感的乐评，让往来的行人产生了深刻的情感共鸣。这一成功的内容营销事件使得网易云音乐迅速出圈，成为刷爆网络的热点。

将 UGC 内容应用到营销活动中，用户的评论就变成品牌营销的广告语，能够引起更多用户的共鸣，加强品牌与用户的连接，在沉淀老用户的基础上吸引新用户。为了实现有效的 UGC 内容营销，公司需要打通各种渠道，通过互动活动、开启评论功能等方式为用户提供内容创作阵地，引导用户积极创作内容,进而为 UGC 内容营销提供丰富的内容资源。

第三节　用口碑实现引流裂变

一、打造良好口碑,实现裂变营销

良好的口碑能够使公司的品牌或产品受到更多用户的认可,吸引更多新用户。同时,在用户的口口相传中,公司的声誉和影响力会进一步提升,实现裂变营销。基于此,很多公司都会进行口碑营销。在口碑营销方面,需要注意以下要点:

1. 人群定位

在进行口碑营销时,公司首先要做好人群定位,明确营销活动的目标受众是谁。公司可以从年龄、地域、消费习惯、消费能力等多个维度进行精准的人群定位。

2. 提炼产品卖点

产品卖点是口碑营销的核心。公司只需要提炼出产品的一个核心卖点,再着重强调这一卖点即可。卖点太多不利于受众记忆。例如,某主营婴儿用品的公司在进行产品宣传时,只强调安全性这一个卖点。当这个卖点深入人心后,消费者想要购买安全性高的婴儿用品时就会想到这家公司的产品。

3. 媒体选择

不同的媒体在口碑营销过程中发挥的作用不同。媒体平台大致可以分为以下几类：

(1)社交类平台：抖音、微博、小红书等。

(2)搜索平台：百度、搜狗等。

(3)知识社区：知乎、豆瓣等。

(4)电商平台：淘宝、京东等。

从产品角度分析，如果公司的产品在功能或成分上有优势，就适合通过知乎、豆瓣等平台进行知识科普；如果产品的优势在于新奇的体验，就适合通过场景进行展示，在抖音、小红书等平台进行口碑营销更加合适。

4. 内容创作

口碑营销的内容可以分为话题传播类、内容种草类两类。话题传播类内容通常是借助网络热点、节日等打造高热度的品牌话题。内容种草类内容主要发布于产品上市期、购物节前夕等关键节点，通过产品试用、KOL（key opinion leader，关键意见领袖）背书等实现产品的大范围曝光。

5. 引导传播

进行口碑营销很关键的一步是引导传播。公司可以通过优惠活动、产品故事、优质服务等打造口碑传播的引爆点，再通过与领域内 KOL、微博大 V 合作，打通抖音、小红书、微博等多种传播路径。

二、"线上＋线下"联动引流裂变

为了实现裂变式营销、获得更多市场份额，很多公司都积极拓展线上渠道，打通线下渠道，通过线上与线下结合的方式持续引流。在这方面，零食品牌旺旺做了良好范例。

1. 线上渠道的布局与建设

在线上渠道方面，旺旺精准布局，充分利用各大平台的优势资源。在天猫,旺旺开设了多个细分品类的旗舰店,如旺旺食品、旺旺低温乳品和 Fix-Body 健康零食旗舰店,从而实现有针对性的市场运营。

为了增强用户黏性,旺旺还注重线上营销活动的策划,确保活动能够吸引大量的线上用户。同时,旺旺在服务质量上也下足了功夫,关注售前、售中、售后三个关键阶段,致力于为用户提供优质、高效的服务。此外,旺旺还积极开拓短视频平台市场,如抖音、快手等,通过开设官方店铺,将短视频平台的庞大流量转化为实际的销售机会,吸引了大量年轻用户。

为了进一步完善市场布局,旺旺还自主研发了电商 App,如旺仔俱乐部、旺仔旺铺等。这些 App 不仅为用户提供了更多购买产品的渠道,还通过搭建会员制度,收集并分析用户的消费信息,为用户量身打造精准的营销方案。

2. 增加实体门店,多方位触达用户

旺旺深耕线下多年,近几年,为了更加贴近年轻用户的需求,多方位触达用户,旺旺增加了实体门店数量,线下门店已超过 100 家。

旺旺实体门店的设计十分有特色,以其经典品牌 IP 形象旺仔为主题进行设计。门店内的产品丰富,不仅包括经典产品旺仔牛奶,还包括旗下各类产品、周边,如旺旺限量版产品、限定产品,周边玩具、文具等。

通过线上线下的有机结合,旺旺成功地打通了多元化的购物和营销渠道,实现了品牌的裂变传播,大幅提升了品牌效益。这种全方位的市场拓展策略,使得旺旺在竞争激烈的市场环境中脱颖而出,赢得了消费者的广泛认可和喜爱。

规模篇:

从小公司到
大公司

第十章

复盘：你的公司可以谈规模了吗

在进行规模化发展之前，创业者首先要对公司进行复盘，明确公司当前的发展水平以及公司是否具有规模化发展的实力。对公司的模式、盈利、资源、流程、文化等进行复盘，确定公司的各方面建设能够支撑公司的规模化发展之后，创业者才能够规划公司的扩张。

第一节 有模式:商业模式成熟,清晰盈利

成熟的商业模式是公司实现规模化发展的基础。在考虑公司是否可以进行规模化发展之前,创业者需要明确公司是否具有成熟的商业模式。一般来说,成熟的商业模式往往具有一定的竞争壁垒和清晰的盈利点。

一、竞争壁垒

一般情况下,商业模式的竞争壁垒主要体现在技术、资源方面,例如,某产品获得了技术专利,某产品拥有研究院的授权书等。也有一些公司将价格或利润作为竞争壁垒,例如,降低利润率,在价格上体现自己的优势,从而提升销量。

创业者需要分析公司的商业模式是否具有竞争壁垒。如果公司的商业模式在技术专利、营销渠道等方面已经形成竞争壁垒,就能够为公司业务的扩张提供支持。

二、盈利点

成熟的商业模式具有清晰的盈利点。盈利点有显性和隐性两种。一般来说，用户的刚需即为产品的显性盈利点，改善性需求则为隐性盈利点。例如，用户需要平板电脑学习绘画，那么平板电脑的绘画功能就是用户的刚需，即显性盈利点；但绘画需要相应的电容笔，那么电容笔就是用户的改善性需求，即隐性盈利点。

创业者需要分析商业模式的盈利点是否明确，是否覆盖显性和隐性多个盈利点。如果公司的商业模式拥有多个盈利点，能够带来稳定盈利，就能够为公司的规模化发展提供资金支持。

公司能够实现长久稳定的盈利，是公司实现规模化发展的基础。为了实现这一目标，公司需要打造出深受消费者欢迎的产品，提升产品销量，稳固市场地位。有了爆款产品，实现了持续盈利，公司才能更好地实现规模化发展。

在零食品牌三只松鼠成立之前，坚果市场的竞争十分激烈。如何从竞争激烈的坚果市场中找到自身的出路，是三只松鼠的创始人要考虑的重要问题。他深知找到市场定位的重要性，运用 STP（segmentation，市场细分；targeting，目标市场；positioning，市场定位）理论对市场进行了深入的分析和研究，从而成功地将市场划分为散货坚果市场和袋装坚果市场两大板块，并精准地确定了自身产品的目标市场。

散货坚果市场虽然方便消费者购买，但消费者对产品的需求具有偶然性。而且，在购买产品时，消费者很难对店铺和品牌产生深刻的印象，不利于吸引和长期留住消费者。

而在袋装坚果市场中，消费者对产品的要求比较严格，产品的质量、包装、口味等因素都会影响消费者的购买决策。但是一旦产品进入袋装坚果市场，就很容易形成品牌效应，获得相对固定的消费者群体，便于打造现象级爆品。

通过对这两个市场进行分析,以及对市场特征和竞品进行全面、细致的研究,他选择袋装坚果市场作为目标市场。经过更深入的研究和分析,他发现整个坚果市场是一个竞争非常激烈的红海市场,但是碧根果在其中有很大的潜力。因此,他将碧根果作为主打产品,通过持续的品质优化和市场推广,成功将其打造成为爆款产品。

在创始人及其团队的共同努力下,三只松鼠的业绩突飞猛进,全年销售额迅速突破百亿元大关。在多年的"6·18"购物节中,三只松鼠都以出色的表现荣登全网休闲食品行业销售额榜首。

可以说,碧根果在三只松鼠的发展历程中起到了至关重要的作用。而三只松鼠也凭借这一广受欢迎、盈利丰厚的产品,实现了公司规模的快速扩张,最终跻身休闲零食市场知名品牌之列。

第二节　有流程:持续增强用户黏性

要想实现规模化发展,公司要有稳定的用户资源。在这方面,公司可以通过搭建会员管理系统维护用户资源。这样即便公司核心人员离职,用户也不会流失。

一、打造会员管理系统

会员管理系统是公司管理用户的重要工具,通过会员等级、会员积分、会员福利等形式提升用户活跃度，促使用户持续消费。会员管理系统能帮助公司实现系统化的定向营销，更高效地留存用户。

关于打造会员管理系统，公司应该掌握六个要点。

1. 入会资格

公司需要确定会员的入会资格，如近 3 个月购买过本品牌产品、累计购买两件以上本品牌产品、累计消费满 500 元等。确定入会资格一方面能够筛选优质用户；另一方面能够刺激用户消费，促使用户珍惜自己的会员资格。

2. 会员等级

设置会员等级是对会员进行激励的重要手段，具体内容包括会员等级考核标准、等级升降规则、等级权益等。考核标准能够体现会员价值，是一个易于量化、便于考核的指标。升降规则是为了增强会员的黏性。公司可以引导会员积累成长值，当成长值达到一定数值时会员等级便可提高，对应等级权益也会增加。另外，公司可以不设定或者适当地设定降级规则，如超过两年没有购买记录、主动退会等。

3. 积分规则

积分系统有利于引导用户更多地参与品牌活动。公司可以将积分系统与任务系统相关联，用户完成指定任务就可以获得相应积分奖励，所获取的积分可以用于抽奖、兑换奖品、抵扣订单金额等。同时，公司可以设定会员积分清零机制，例如，会员在当年度所积累的积分有效期至当年 12 月 31 日，逾期未使用的积分将于次年 1 月 1 日零点清零。

4. 会员专属福利

福利是引导用户消费的重要手段。公司可以设置会员专属福利，如新入会的会员可以获得 10 元无门槛优惠券、入会就可以领取礼品等，以吸引用户入会。针对已经入会的用户，公司可以设置相应福利留存会员，如入会满 6 个月的会员可以免费获得产品清洁服务 1 次、入会满 1 年的会员可以成为新产品的体验官等。

5. 定向计划

定向计划是一种定向营销工具，由用户组、过滤器、执行条件、定向规则组成。公司需要将每个组成部分作为独立的模块，在某个特定条件下，将用户分为若干小组，为每个小组设定不同的活动规则（如优惠券发放规则、福利活动规则等），然后根据用户的反馈再次制订定向计划。

6. 整理分析

公司要充分发挥会员管理系统的最大优势。公司可以利用会员管理系统整理、分析会员数据，并将会员数据生成可视化的图表，从而分析会员行为趋势，发现问题，及时弥补。

总之，公司可以通过搭建会员管理系统，实现对用户的系统化管理，提升用户的满意度，促使用户持续消费。

二、建立完善的流程

想要实现规模化发展，公司必须有完善的流程，即所有的工作都是标准化的。在完善流程的支持下，工作能够顺利开展，公司业绩得以提升。

什么是流程？从定义上来看，流程就是一系列系统化的行动，也可以说是为了达到某一目的而采取的一系列明确的、可重复的措施。如果按照这些措施行动，能够很大程度上达到预期结果。任何工作都是这样，有流程可依，工作就会变得简单很多，效率自然就提升了。

因此，创业者需要搭建覆盖公司所有部门、所有业务的流程体系，规范员工工作与业务运作。只有这样，在公司规模化发展的过程中，工作才能够有条不紊地开展。

创业者沈卿创办了一家电商公司，并搭建了完善的流程体系，以此指导员工工作。在新员工培训过程中，除了向新员工讲解公司的发展历程、未来愿景、文化理念、工作守则外，还会着重讲解工作流程，助力新员工顺利开展工作。

电商公司的运作包括店铺设计、产品上传发布、推广、处理客户订单、物流配送和客户管理等多个方面，新员工必须掌握电商运作的整个流程，以便与其他部门进行协作。同时，新员工还要掌握本部门的工作流程，针对不同的问题要掌握不同的解决方法。以客服部门的售后客服人员为例，售后客服人员需要通过不同的方式来解决不同的问题。

售后客服人员的工作主要包括处理客户主动退货问题、处理产品的售后问题和快递查询三个方面。对于客户主动退货的产品，售后客服人员要了解原因和退款金额，待产品被发回且验收后，再处理客户的退款事宜。

对于产品出现的售后问题，售后客服人员需要了解情况、做出判断。对于产品的质量问题，售后客服人员需要让客户提供图片，再对问题进行查证，并与客户协商解决。如果客户要求折价，售后客服人员可提出折价申请，待审核通过后退款给客户。如果客户要求换货，售后客服人员则需提出换货申请，待客户发回产品后换货补发。如果客户要求退货，售后客服人员则需提出退货申请，待审核通过、退货到库后便可退款给客户。对于客户的物流查询需求，售后客服人员可以利用网络或电话查询，再通知客户查询结果。

不只是售后客服人员，该电商公司中任何员工的工作都有详细的工作内容及工作流程，并会对新员工进行全面的工作流程培训，使其能够顺利开展工作。在完善流程的支持下，该电商公司的新员工能够快速上手工作。基于此，该电商公司在扩张规模时，没有遭受业务运作不畅的阻力，顺利实现了规模化发展。

总之,创业者需要搭建好公司的流程体系,设计好工作流程与标准,为员工的工作提供依据。同时,创业者需要注意,无论大小事务,都需要有清晰的流程,避免员工因为流程不明而产生冲突。有了完善流程的支持,新员工能够顺利开展工作,新业务能够顺利推进,公司的业务扩张与规模化发展更加顺畅。

第三节 有文化:统一思想,引导行动

在文化方面,创业者需要复盘,明确公司是否具有成熟的文化以及公司文化是否在公司日常管理和员工行为中得以体现。有了优秀文化的引导,员工能够规范自身行为,积极提升业绩,推进创新。这能够推动公司持续发展,助力公司实现规模化扩张。

创业者可以从四个方面出发,建设独特的公司文化。

一、明确公司的使命、愿景、核心价值观

使命、愿景、核心价值观是公司文化的核心内容。其中,使命指的是公司追求的崇高理想和长远目标。一般来说,使命不可能彻底达成,但可以无限接近。例如,阿里巴巴的使命是"让天下没有难做的生意"。在建设公司文化时,创业者需要确定公司的使命,赋予员工使命感,让员工觉得自己在从事一项伟大的事业。

愿景可以理解为公司设定的中长期、可实现的目标。例如,阿里巴巴的

愿景为"追求成为一家活 102 年的好公司"。

愿景虽然比较长远，但终归可以实现，这是它和使命最大的差别。创业者在确定公司的使命之后，即可制定公司的愿景，促使员工共同为这一愿景而努力。

核心价值观是人们对事物价值的判断准则，为公司树立整体的道德观念或工作准则，是公司必须坚守的底线。例如，华为的核心价值观是"以客户为中心"，这为其开展活动、员工工作等提供了准则。在建设公司文化时，创业者需要设计好核心价值观。核心价值观应积极向上，符合社会的普遍要求，能够凝聚员工思想，如"创新""诚信""客户第一"等。

二、让员工参与到公司文化建设中

公司文化需要得到广大员工的认可，同时，吸纳了员工建议的公司文化更能够深入人心。因此，创业者需要搭建起良好的沟通机制，实现公司文化从下至上的反馈。创业者可以通过调查问卷、设置建议信箱、员工访谈等形式，了解员工对公司文化的看法和建议，让员工参与到公司文化建设中。

三、加强宣传，深化认知

公司文化建设完成后，创业者需要加强对其的宣传。一方面，创业者可以组织相关培训活动，通过培训加强员工对公司文化的理解和认知，让员工在日常工作中自觉践行公司文化。另一方面，创业者要在召开会议、指导工作时对公司文化进行阐释和强调，进一步强化员工对公司文化的认知。

四、践行公司文化

在建设好公司文化后,创业者还需要将公司文化落实到公司管理、公司活动中,推动公司文化的落地。

例如,某公司以"尊重女性,关爱女性"为使命,主营女性护肤品和化妆品。根据这一使命,该公司开展了独特的福利活动,如为女性员工提供特殊关怀,设立女性员工休息室,提供女性健康检查补贴,在特殊节日(如妇女节)给女性员工发放精美礼品或护肤品套装。这样的福利体现了该公司"尊重女性,关爱女性"的公司文化,是公司文化落地的表现。

创业者需要审视公司是否已经建设完善、可落地的公司文化。如果存在公司文化内涵不清晰、难以落地等问题,创业者需要对公司文化进行优化。有了完善的公司文化,员工能够在统一思想、统一行为规范的指引下高效协作,为实现共同目标积极努力。这是公司实现规模化发展的重要保障。

第十一章

资源链接：将你的圈层无限扩大

————

　　在创业的道路上,创业者需要大量资源的支持,而创业者自身的资源是有限的。因此,创业者需要做好资源链接,扩大自身的圈层。在这个过程中,创业者需要通过多种方式,实现与更多人或公司的连接。

第一节 社群与联盟,实现资源流动

一、加入社群,获取资源

创业社群是一个宝贵的资源库,汇聚了多样化的创业项目、顶尖的技术人才以及丰富的渠道资源,为创业者提供了一个获取资源的理想平台。创业者可以根据自己的具体需求,选择加入相应的社群,以便更好地获取所需的资源和支持。常见的创业社群可以分为以下四类:

1. 技术类

这类社群主要聚焦技术推动的行业或有技术门槛的行业。社群成员就技术的未来发展趋势、创新应用等方面可以进行深入探讨,这些讨论往往能够给创业者带来启发和灵感,为其创业之路提供指引。

2. 经验分享类

这类社群为创业者提供了一个交流和学习的平台。在这里,创业者可以分享自己的创业心得、经验教训,以及遇到的挑战和解决方案。通过与其他创业者互动,创业者可以汲取他人的智慧,使自己的创业之路更加通畅。

3. 纯项目类

这类社群有很强的目标性，即推进项目实施，通常由一个有强大影响力的创业者发起。社群成员围绕项目展开交流，共同致力于项目完成，并在日常交流中分享项目进展、讨论解决方案。这种社群有助于创业者快速结识志同道合的伙伴，学习项目运作经验。

4. 培训类

培训类社群专注于创业培训和技能提升。社群成员会探讨创业培训中的各种问题，分享自己的培训心得和建议。这类社群的特点是，社群氛围较为和谐，成员间会积极分享知识和见解，能够实现资源共享、互相学习、共同进步。

在选择加入社群时，创业者需要对社群的专业性、可靠性进行辨别。一般而言，具有核心人物支撑、具有共同目标、社群成员活跃的创业社群相对可靠。

创业社群成员聚集到一起，设定了共同的奋斗目标，相互勉励，在学习创业经验的同时，还加强了彼此之间的联系。为了实现社群内部的高效沟通和协同，社群成员可以共同制定严格的规章制度。创业社群不仅可以让创业者感受到归属感，还为他们提供了与同频创业者深入交流的机会。

一个高质量的社群会给创业者带来诸多益处。但是，想要在社群中学到经验，创业者还要具备较强的社交能力。加入社群后，创业者应该积极发言，主动分享自己的观点和经验。通过与其他创业者进行深入的交流，创业者不仅能够学习到宝贵的知识和技能，还能有效地拓展自己的资源网络，使自己的创业之路更加顺畅。

二、建立联盟，共享资源

创业者可以尝试建立联盟，吸引其他创业者、业内专家加入。联盟不仅能够为创业者提供丰富的资源和平台,助力他们顺利开展业务,还能够显著提升创业者及其公司的行业影响力。

在着手创建联盟时,创业者需要考虑联盟的宗旨、目标、定位以及构建方式等。只有明确这些核心要素,才能确保联盟稳健发展和持续壮大。

创业者徐颖就在创业过程中建立了一个联盟。她结合身边现有的资源,创办了一家公司。为了进一步扩大公司的影响力并分享自己的创业智慧,徐颖开设了创业课程。在她的引领下,志同道合的创业者形成创业联盟,共同交流创业心得。

随后,出于扩大创业联盟、丰富实践经验的需要,徐颖开始招募新的、有能力的联盟成员。她在网络上发布招募信息,让更多有创业想法的人了解创业联盟,从而加入创业联盟。一段时间之后,徐颖的创业联盟已经小有规模,她的公司也逐渐步入正轨。

创业者通过建立联盟可以获得以下优势:

1. 人才互补

创业公司的发展离不开人才的推动,而联盟会聚各种人才,能够实现人才之间的互补。创业者可以通过联盟寻找自己所需的人才,吸引人才加入自己的公司,为公司的良好发展奠定基础。

2. 寻找商机

通过与联盟内其他成员深入交流,创业者能够激发新的思考和创意火花,还能够从他们分享的最新消息中捕捉商机。

3. 资源整合

联盟为创业者提供了一个宝贵的资源库。通过整合联盟内的各类资源,创业者可以更加高效地利用这些资源,为公司的运营和发展提供强大的支持。

综上所述,联盟为创业者提供的人才、创意和资源方面的优势,对于他们的个人成长和公司的发展都起到了积极的推动作用。

第二节　举办行业聚会,打造沟通平台

行业聚会是聚集同行业创业者、业内专家的重要平台。在行业聚会中,创业者可以结识更多同行业从业者、寻找合作伙伴、与供应商建立联系等,实现资源链接。同时,通过举办行业聚会,创业者也能够提高自身及公司的知名度,有利于吸引更多资源。

创业之初,创业者秦枫走低调发展的路线。尽管他和他的团队都很优秀,但很少有其他同行关注。有一次在竞争项目时,竞争对手的实力没有秦枫的实力强,但是最终却是竞争对手拿到了项目。

事后,秦枫调查发现,拿到项目的这个创业者在行业内比较活跃,除了积极参加行业聚会外,还会自己举办行业聚会。在行业聚会中,该创业者积极宣传自己的公司,获得了很多同行及专家的认可,在行业中有一定的影响力。

项目公司在选择合作伙伴时,调查了两家创业公司在行业内的影响力,最终选择了在行业内比较活跃且影响力较大的竞争对手的公司。

上述案例体现了行业聚会对创业者及其公司的影响,举办行业聚会是创业者宣传自身及公司的重要方式。

一、举办行业聚会应做的准备

举办行业聚会并不简单,从人员的邀请到场地的选择,都需要创业者认

真规划。一般来说,在举办行业聚会时,创业者需要做好五方面的准备工作,如图 11.1 所示。

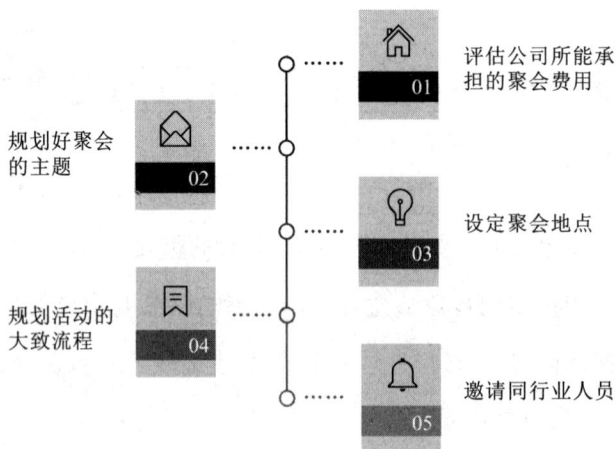

图 11.1 举办行业聚会的准备工作

1. 评估公司所能承担的聚会费用

公司在创业初期的各项支出都很大,创业者应进行财务预算,以确保举办行业聚会的费用在公司可承受范围之内。为了减轻负担,公司也可采用 AA 制或赞助制来举办行业聚会。

2. 规划好聚会的主题

为了明确行业聚会的目的、保证行业聚会有成效,行业聚会要有一个主题,如围绕行业经验分享、合作交流确定主题。

3. 设定聚会地点

行业聚会的地点多选取地理位置优越的商业中心。例如,在北京举办行业聚会,选择三环内的地点比五环外的地点更为合适。因为参会人员来自四面八方,市中心位置交通便利,可以满足大多数参会人员的行程需求。此外,选择多条地铁线交会的地点可以减少参会人员的交通时间,确保会议能准时进行。

4. 规划活动的大致流程

为了确保行业聚会顺利进行,创业者需要提前规划好活动的大致流程,包括确定何时以何种方式开场、具体活动的实施方式以及活动之间的顺序安排。通过周密的规划，可以确保聚会的各个环节紧密相连，达到预期的效果。

5. 邀请同行业人员

在邀请同行业人员参加聚会时，创业者不仅要确定人员名单，还需对名单进行仔细甄选。确保邀请的人员与聚会的主题和目的相契合，能够为公司带来实际的价值。

二、设计行业聚会计划书

创业者可以基于上述内容设计行业聚会计划书。

行业聚会计划书示例

一、聚会基本信息

1. 聚会主题：××行业创新与合作交流大会。

2. 聚会时间：××××年××月××日，9:00—15:00。

3. 聚会地点：××商务中心（地铁××号线与××号线交会处）。

4. 参会人员：同行业公司代表、行业专家、媒体代表等。

二、聚会目的与意义

本次行业聚会旨在搭建一个交流与合作的平台，促进行业内各公司之间的沟通与协作，共同探讨行业发展趋势，分享创新经验，推动行业健康有序发展。

三、活动流程安排

1. 签到与接待（9:00　9:30）

（1）设置签到台，发放参会资料与胸卡。

（2）提供茶点与简单交流空间。

2. 开场致辞（9:30—9:45）

（1）主持人介绍聚会主题与流程。

（2）行业领导或嘉宾发表开场致辞。

3. 主题演讲（9:45—11:00）

（1）邀请行业专家就当前行业热点问题进行深入剖析。

（2）分享成功案例与创新经验。

4. 茶歇与交流（11:00—11:30）

提供茶点，供参会人员自由交流与建立联系。

5. 分组讨论会（11:30—12:30）

（1）根据参会人员兴趣与需求，设立多个讨论小组。

（2）围绕行业发展趋势、技术创新等议题展开讨论。

6. 午餐与交流（12:30—13:30）

提供自助餐，参会人员可在用餐期间继续交流。

7. 互动环节（13:30—14:30）

设置互动游戏或问答环节，增强参会人员之间的互动与参与感。

8. 总结与闭幕（14:30—15:00）

（1）主持人总结本次聚会的亮点与成果。

（2）行业领导或嘉宾发表闭幕致辞。

四、参会费用与注意事项

1. 参会费用：每位参会人员需缴纳××元作为参会费用，包括场地租赁、茶点、午餐等费用。

2. 注意事项：请参会人员务必准时到场，携带有效身份证件以便签到；请保持手机静音或关闭状态，以免影响其他参会人员；请尊重其他与会者，遵守会议纪律，共同维护良好的会议氛围。

五、后续跟进与联络

（1）建立微信群，方便参会人员会后继续交流与合作，分享行业资讯与动态。

（2）根据参会人员反馈与行业需求，定期举办类似行业聚会活动，促进行业内各公司之间的长期合作与发展。

　　行业聚会结束后，创业者需要汇总在行业聚会中获得的各种商业线索、合作意向等，并积极跟进。

第三节　资源置换，拓展渠道

　　有产品缺少渠道、有渠道没有好产品是很多公司的通病。很多公司会因为上下游供应链堵塞，或宣传不到位而浪费了手中的资源。在市场竞争激烈的当下，公司要想长久发展，就需要放弃单打独斗的想法，通过寻求合作走向共赢。公司间的资源置换是实现合作共赢的一种有效方法。

一、资源置换的优势

　　有好的产品，就需要有完善的渠道才能实现销售。很多公司都打造出优质的产品，却找不到合适的营销渠道。同时，要想打通渠道，公司需要付出大量的时间和金钱，这对于很多公司来说都是一个很大的挑战。

　　其实，公司可以和拥有渠道资源优势的公司以资源置换的方式进行合作，打开产品销路。资源置换的优势主要表现在三个方面，如图 11.2 所示。

　　1. 无用变有用

　　资源置换往往是以自己手中暂时没有用处的资源进行置换。通过资源置换，公司可以获得更多有用资源，实现资源的化无用为有用。同时，资源置换能够解决公司产能过剩的问题。公司将多余的资源用于资源置换，可

图 11.2　资源置换的优势

以挖掘资源的更大价值。

2. 开拓市场

资源置换能够帮助公司拓展营销渠道,实现快速引流。例如,微信中接入了美团、拼多多等 App 的快速入口,而在使用这些 App 付款时,微信支付是用户的可选支付方式之一。在这种合作下,双方公司能够迅速扩大产品影响力,实现更好的宣传推广效果。

3. 降低成本

资源置换是一种物物交换的行为。公司不需要动用现金流,就可以获得所需的材料、渠道等,降低了公司的运营成本。

二、借助平台实现资源置换

那么公司应该怎样进行资源置换?公司可以借助资源丰富的资源置换平台。例如,U 客直谈就是一个为公司提供资源置换服务的平台,主要拥有三大功能。

(1)发布项目与对接功能。平台向用户提供项目发布功能,并详细规划了模板内容,用户可以发布较为完善的项目信息。平台会为对接双方提供一些项目合作细节,提高双方的合作意愿。此外,双方也可以借助平台进行沟通,商谈合作项目。

(2)分区明确,提升筛选效率。平台设置了品牌货源、销货渠道、优质甲方、异业合作等分区,便于用户查找想要的资源并进入对应的分区寻找合作项目。

(3)展示项目信息的时效。平台会向用户展示项目的刷新时间,如果项目30天未被刷新,那么联系上可能就存在困难。这时用户就可以寻找其他项目,避免浪费时间。

第四节 汇集资源,开拓新市场

一、项目合作,汇集资源

以项目进行合作是公司间汇集资源、共同开拓市场的有效手段。那么,公司应选择与什么样的公司进行项目合作以及如何进行项目合作需要注意四点,如图 11.3 所示。

1. 分析彼此业务模式

公司需要对彼此的品牌定位、产品定位、用户画像、营销路径等进行详细的分析。在此基础上,公司才能找到利益结合点,为后续的合作奠定坚实基础。

2. 明确结合点

结合点是在业务模式分析的基础上延伸出来的,可能源自用户共享、产品使用渠道的整合、营销渠道的互补等方面。明确了合作的结合点后,公司便能以此为核心,探索出切实可行的合作路径。

3. 评估投入产出比

公司需对合作项目的投入产出比进行精准评估。在确定了合作路径

01

分析彼此业务模式

02

明确结合点

03

评估投入产出比

04

合作项目实施

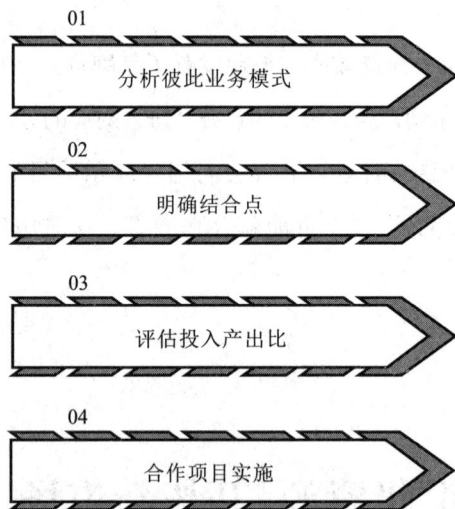

图 11.3 公司间项目合作的要点

后,双方需明确各自需投入的人力、财力等资源,并预测这些投入所能带来的价值,如销售量的增长、用户数量的增加以及品牌影响力的提升等。在此基础上,公司便能对投入产出比进行客观评估,确保合作的经济效益。

4. 合作项目实施

在合作项目实施阶段,公司通常会先在小范围内进行试运作,以便及时发现并调整存在的问题。通过不断优化和改进,确保业务能够正常运转后,再将项目大规模推广至更广泛的市场。

此外,考虑到项目合作过程中可能出现各种变动因素,如行业趋势变化、公司战略调整等,公司还需提前对可能遇到的问题进行预测,并制定相应的应急预案。这样,即便在合作过程中遇到问题,公司也能迅速应对,确保合作顺利进行。

2020 年 11 月,阿里巴巴达摩院和环球墨非(北京)科技有限公司(以下简称"环球墨非")举行业务交流座谈会,正式推进"AI 造星"计划。"AI 造星"计划利用 Nokov(度量)光学三维动作捕捉系统、AI 视效虚拟引擎搭建明星的数字模型，立体化呈现数字明星形象。

阿里巴巴达摩院在先进技术研发与应用方面具有显著优势，拥有完善的研发体系和 10 余个实验室，科研实力强大。环球墨非是一家利用前沿虚拟制作技术为公司提供个性化服务的高科技公司，在虚拟内容制作、数字资产交易等方面具有优势。两者的合作能够实现强强联合，加速市场开拓。

环球墨非的数字云库中拥有丰富的 AI 数字明星模型，可以借助 AI 视效虚拟引擎对这些模型进行精细化处理，提升模型的拟真度。而阿里巴巴达摩院具备先进的语音合成技术，可以智能生成与真人录音高度相似的语音。两者强强联合可以推进"AI 造星"计划顺利实施。

二、引入合伙人，连接广泛资源

引入合伙人是公司连接更加广泛资源的重要手段。在这方面，公司可以根据自身需求，引入产业链合伙人和城市合伙人。

1. 产业链合伙人

在产业链上下游合作成为趋势的当下，整合产业链上下游资源、构建产业生态是公司提高竞争力的关键。资源共享、协同发展的产业生态模式，成为公司经营新范式。

产业链合伙人分为上游合伙人和下游合伙人两种。上游合伙人主要包括供应商、制造商等，下游合伙人主要包括经销商、代理商、客户等。在产业链上下游合伙的模式下，公司可以更容易地获取自己所缺少的原材料、渠道等资源，实现长久发展。

现实中，很多公司与自己的经销商、区域合伙伙伴等既是合作伙伴，也是竞争对手，难以建立共创、共享的事业共同体关系，一旦合作出现问题，往往会两败俱伤。为了平衡与合作伙伴的关系，一些公司会通过股权激励机制对下游合作伙伴进行中长期激励,以与其建立稳定的产业合伙人关系。

2. 城市合伙人

城市合伙人是一种以城市为锚点的产业链合伙人,体现了分销渠道与合伙人制度的结合。在这种模式下,传统的相对分散的加盟模式将变得更加集中,便于公司进行管理。城市合伙人一般分为以下三种类型:

(1)基于股权架构的城市合伙人。指的是城市合伙人与公司在股权结构上存在合伙关系。公司把现成的经营模式、经验、资源等提供给城市合伙人,并以合理的机制分配资本收益。

(2)零成本的城市合伙人。在合作过程中,合伙人不是公司员工,只是借助公司的品牌资源、产品资源、物流资源等进行创业。这类城市合伙人不需要向公司支付费用,以"无底薪+佣金"的形式获得收入。

(3)保证金式城市合伙人。这类城市合伙人和零成本的城市合伙人类似,但是这类城市合伙人需要支付一定的加盟保证金。

在城市合伙人模式下,公司能够以城市为落地点寻找不同的城市合伙人,与合伙人之间形成深度的利益捆绑,在为城市合伙人提供多种资源的同时,公司能够打通多个城市的营销渠道,搭建更加完善的产业生态。基于这些优势,不少公司都发布了自己的城市合伙人招募计划。

36氪是一家专注媒体领域的新经济服务集团,业务范围包括新商业传媒、金融信息服务等。为了实现进一步发展,36氪发布了城市合伙人招募计划,招募对象主要是有志于投身双创服务领域的合作伙伴,可以将信息、数据和服务等资源落地,共同打造符合地方特色的产业创新生态。

合作依托授权点展开,一次合作的期限为3年。合作到期后,城市合伙人可以选择续约,也可以选择终止合作。36氪对全国不同的城市进行了评定,以明确不同的城市可以开放多少个授权点。为了保障城市合伙人的权益,在合作期限内,36氪不会在其所在的城市设立直营点。

第十二章

赋能型组织：做规模离不开人才

——

公司规模的壮大，离不开人才的支持。创业者应致力于构建赋能型组织，为人才的发展提供全方位的支持，助力其能力不断提升。通过培养并激发人才的潜能，创业者能够以人才为引擎，驱动公司持续发展，实现规模的跨越式增长。

第一节　人才盘点，明确人才水平

人才盘点能够帮助创业者明确公司的人才水平，进而更好地进行人才管理。

一、进行组织盘点

组织盘点即根据公司的发展战略和市场竞争状况，分析和思考以下问题：第一，基于公司的发展战略，分析当前的组织架构，如职位设计、职责划分是否合理，是否需要调整及应该如何调整；第二，从组织效率最大化方面入手分析组织结构是否存在不足；第三，分析组织的机构设计是否存在业务或者职责方面的遗漏；第四，分析管理层的规模与直接下属的规模及管理幅度是否合理；第五，分析组织的生产效率和整体氛围。

二、开展人才盘点

人才盘点就是对关键岗位的人才进行测评。人才盘点需要经过三个阶段，分别是建立素质模型、人才素质盘点评估和建立长效机制。

在第一阶段，创业者要做好两件事情：其一是做好人才分类，其二是做好人才素质访谈与素质分析。在确定人才分类时，创业者要确定各类人才的角色定位。在进行人才访谈时，创业者要确定各类人才的胜任力素质模型，同时还要明确建模的方法以及工作计划。

素质访谈与素质分析需要科学的方法，战略分析和人力资源解码、绩优管理人员关键事件访谈、专家小组座谈和访谈信息解码都是很有效的实践方法。

第二阶段的主要内容是进行素质盘点评估，评估要点有三个，分别是确定各类人才的评估要项，确定各评估要项的测评方法以及选择关键人才进行评估测试。

第三阶段的主要任务是建立长效机制。在实践过程中，创业者要进一步调整、完善人才素质盘点评估方案。此外，创业者还要建立关联机制，将评估结果与人才的职业发展、培训培养、绩效管理等环节结合起来。

三、汇总人才盘点内容

创业者需对人才盘点结果进行详尽的汇总与分析，具体涵盖以下关键内容：

（1）人才盘点计划的完成情况。

（2）目前组织架构的具体情况，包括人员编制是否合理、是否存在空缺岗位、组织的运行效率如何、管理的幅度是否合理等。

（3）人才盘点结果，包括人才的绩效、潜力、排名情况及发展计划。

（4）关键岗位的继任计划。

（5）高潜力人才的培养计划。

（6）未来人才的关键岗位需求。

根据以上内容，创业者需要和公司各部门的负责人共同探讨并确定人才盘点之后的行动计划。

四、推动行动计划的实行并监督效果

人才盘点的结果应转化为具体、可行的人才发展规划。创业者需要根据人才盘点结果确定未来的行动计划,如晋升对象的确定、轮岗计划的合理安排、培训计划的开展等,并明确每项内容的负责人、完成时间和检验标准。

创业者还需要追踪计划的实施效果,对关键环节进行推动和跟进,以保证行动计划落到实处、取得成效。通过持续的监督与评估,创业者可以不断优化人才发展策略,为公司的长远发展奠定坚实的人才基础。

第二节　加强人才培训,提升人才素养

从人才素养的视角来看,为了有效赋能人才,公司应加强人才培训,从职业技能和职业素养两个维度培养人才。

一、职业技能培训

公司应开展职业技能培训,为人才提供技能进阶的机会,激发他们的求知欲与深造热情。这样不仅可以让他们看到职业发展的更多可能性,还能帮助他们重燃初入公司时的那份热情与动力,从而克服日益增长的职业倦怠感。

在对人才进行技能培训的过程中,创业者不能局限于基础技能方法的传授,而应结合真实的行业案例和具体问题来开展培训活动。此外,创业者还要鼓励人才主动提出问题或建议,并通过分组讨论或头脑风暴的形式引导他们更积极地参与培训,帮助他们进一步提升自身的能力。

大众汽车公司高度重视人才的继续教育培训。公司内部设置了多元化的培训课程,包括出厂训练、出国训练、专题报告、案例研讨等。这些课程注重知识与案例的结合,旨在帮助人才不断更新知识体系,进而增强团队的整体实力。

二、职业素养培训

公司应定期开展职业素养培训,以培养人才的敬业精神,使他们能够自发、积极地投入到工作中。这不仅能够确保他们的工作质量,还能促使他们成为榜样,推动整个团队职业素质的提升。

通用电气公司(以下简称"GE")创办了克劳顿维尔大学,开创了公司创办大学的先河。多年来,克劳顿维尔大学帮助 GE 完成了多次变革,成为其人才发展的摇篮。

GE 希望通过营造良好的环境,让每个人成为最好的自己,从而让自身变得更好。正是这种以文化驱动学习的理念,使得 GE 的人才的职业素养得到了显著提升,从而推动了公司实现更好的发展。

第三节 发现潜力,适时任用人才

在人才任用方面,创业者需要摒除偏见,大胆任用人才,确保人才与岗位匹配,充分挖掘人才的价值。

一、摒弃偏见

一些创业者习惯于给员工定性、贴标签,例如,认为某个员工不负责任、认为某个员工没有创新精神等。这种做法是不对的。如果创业者对员工有偏见,就会影响自己的判断和选择,难以发挥人才的更大价值。

因此,创业者需要全面、客观地对人才进行评价,看到人才的优势、成长和潜力,这样才能够在人才任用方面做出科学的决策。

二、大胆起用,给予信任

为了更好地发挥人才的力量,推动公司变革,创业者需要给人才提供更多的发展机会。在了解人才的能力的同时,创业者要大胆任用人才、充分信任人才。这对于人才的成长和公司的发展都是十分有利的。

当前大多数公司中的人才多为"90后""00后"等年轻人才,他们思维活跃、不墨守成规,是公司里极具价值的新鲜"血液",也是极具创造性的"新锐部队"。但一些创业者对这些人才缺乏正确的认识和信任,以"年轻没有经验"为由不任用这些人才。然而,实践才是检验真理的唯一标准。不给予这些人才施展才华的机会,不让他们在实践中积累经验,又怎能期待他们具备相关的经验呢?

此外,部分创业者对人才的成长规律了解不足,以为年轻人才不能胜任新岗位,因而犹豫不决,不敢大胆任用。然而,这些观念都是创业者需要反思和调整的。

创业者需要明白,大胆任用人才不仅有助于充分发挥他们的价值,避免人才浪费，还能产生积极的激励作用。很多年轻人才对工作充满热情、具有敬业精神，只要创业者能够合理任用他们，给予他们足够的信任与支持，他们必将释放出更大的潜能，为公司的发展贡献更多力量。

三、适时提拔

在管理人才的过程中，创业者适时提拔人才能够有效激发人才的工作积极性和创造性，更好地挖掘人才的潜能，为公司的发展注入源源不断的活力。创业者可以以人才的能力为出发点，适时提拔能力突出的人才，使他们在新的岗位上创造更大的价值。

通过适时提拔有能力的人才，创业者能够有效优化公司的资源配置。在刚进入公司时，员工之间的能力可能相差无几，经过一段时间的培训、锻炼后，工作能力、学习能力突出的人才便会崭露头角。此时，创业者应依据对每位人才工作能力和成长潜力的深入了解，将他们提拔至合适的岗位上，使人才的价值能够充分释放出来。

公司规模化发展离不开人才的支持，人才是推动公司不断前进的坚实力量。创业者需深入剖析人才的能力和潜力，给予他们充分的信任，并在合适的时机提拔优秀的人才。只有这样，才能让人才在适合自己的岗位上发挥出更大的价值，推动公司迈向更加辉煌的未来。

第四节　学会授权，激发人才主动性

在管理人才的过程中，创业者需要学会授权，将一些具有一定挑战性的工作交给相应的人才完成。这能够激发人才努力工作的主动性,加速人才的成长。

一、授权准备

在授权前,创业者要和人才沟通,说明工作内容,了解人才的能力,确定他是否有足够的能力和意愿承担工作并肩负工作责任。具体而言,在授权之前,创业者需要做好五个方面的准备。

1. 了解人才能力

一个人能力很强,不代表他在所有方面都强,也不代表他一直都很强。因此,创业者要提前对人才的教育背景、兴趣特长、性格特点等进行考察,以明确他的能力与工作岗位是否匹配。

2. 介绍工作内容

创业者要详细地向人才说明工作内容,包括需要的资料以及目前的工作进展。这可以帮助人才初步了解工作,并在内心评估自己能否胜任工作。

3. 介绍工作目标和要求

创业者需要向人才明确工作的具体目标和要求。这相当于提前为人才明确了责任范围,有助于人才更好地理解工作的重要程度和紧迫性并提前做好准备。

4. 了解人才的意愿与动力

通过了解人才的意愿,创业者可以更好地把握他们对工作的期望和态度,从而确保授权能够符合双方的利益。

同时,了解人才的动力也是授权过程中不可或缺的一环。动力是驱动人才努力工作的源泉,也是他们克服困难、追求卓越的重要支撑。创业者需要明确人才的动力来源,是出于对工作的热爱,还是追求个人成长,或是渴望得到认可与奖励。只有明确了这些，创业者才能更有针对性地激发人才的积极性，使他们在工作中发挥出最大的潜能。

5. 了解人才对工作的初步设想

沟通的最后一步是了解人才对完成工作有哪些想法和见解、可能遇到的问题以及需要的支持等，旨在引导被授权的人才制订工作计划，为他后续的工作明确方向。

创业者除了要给人才授权外，还要给人才加责。权力与责任相辅相成，人才在接受权力的同时，也承担起相应的责任。如果工作成果不尽如人意，人才应勇于担当，承担相应的责任。这不仅能有效防止权力的滥用，还能激发人才的责任感，使他们对待工作更加用心、更加专注。

二、合理有效地授权

如何合理、有效地授权呢？有些创业者可能认为，只需简要告知人才工作内容，随后再根据人才的需求逐步赋予其权限即可。然而，这种"按需给权"的方式实际上效率低下。"需求"一词涵盖范围广泛，如果不提前进行规划，人才在工作过程中可能需要频繁向创业者请示，这无疑增加了沟通的时间成本。因此，创业者应提前与人才深入沟通，明确其所需权限，确保授权精准、高效，从而助力人才更好地完成工作。

如何划分必要权限、弹性权限和补充权限，实现权责对等？具体而言，创业者需要做好以下几个方面：

1. 明确履职的权限底线

这个底线是人才在执行工作时所必需的基本权限，一旦这些权限缺失，人才的正常工作将受到严重影响。具体而言，创业者可以从人员调配、财务支出、资源配置、事务处理等多个维度来划定这些权限。例如，人事权限可分为任免权、考核权等，财务权限可分为折扣权、费用报销权等。

2. 找出有助于履职的弹性权限

弹性权限可以帮助人才更好地履行自己的职责，提升人才履职的灵活性和自主性。创业者可以从人才的过往任职经历中提炼弹性权限，例如，人才在之前的工作中擅长活动策划，创业者就可以在财务权限中增加可以自行策划实施团购或促销活动的权限。

3. 明确有助于经营目标达成的补充权限

补充权限是对基本权限和弹性权限的补充。创业者可以基于人才承担的经营指标倒推有助于目标达成的权限。补充权限的界定需要创业者与人才进行深入沟通，明确权限涉及的事项与范围。所谓权大责大，创业者要把握好放权的度，避免人才因贪图权力而夸大其词，最后影响目标的实现。

创业者应认识到管理是一个动态变化的过程，在实际操作中，难免存在一些权限未能覆盖到的领域或细节。因此，创业者应为人才保留一定的机动性，避免将权力限制得过于死板。这样，人才在面对一些意料之外且影响较小的事情时，便有权自行决策，从而提高工作效率和应变能力。

第五节　制订接班人计划，打通晋升通道

某公司创立 3 年后，业务运营逐渐稳定。就在该公司的创始人周浩决定扩大规模时，该公司却遇到了一个麻烦——技术主管因个人原因向周浩提出了离职申请。这让周浩措手不及，因为技术主管管理着一个至关重要的研发团队，而且该团队正在全力研发一款新产品。在如此关键的时刻，该技

术主管突然离职会导致整个团队的工作停滞。

周浩迅速反应，紧急下达了招聘任务，希望能尽快找到合适的人选接手产品研发工作。然而，直到技术主管离职1个月之后，周浩仍未找到合适的人选。面对这一困境，周浩不得不从技术团队的现有成员中提拔一名能力突出的员工担任技术主管一职。

然而，这位新上任的技术主管由于缺乏专业的培训和团队管理经验，在管理和项目安排方面力不从心。他难以有效协调团队成员之间的工作，也无法对产品研发项目进行合理的规划。最终，产品研发项目以"流产"告终。

深入分析这一案例，可以发现，技术团队项目"流产"的根源并非技术主管突然离职，本质的原因在于周浩未能提前针对核心岗位员工的变动做好预案，没有制订一套完善的核心岗位接班人计划。这导致原技术主管离职后，公司无法迅速找到合适的人选填补空缺，使得产品研发工作陷入停滞状态。

因此，创业者应该深刻认识到核心岗位员工变动的潜在风险，根据人才盘点结果制订核心岗位接班人计划，确定核心岗位的未来接班人，并对其进行有针对性的培养。针对此问题，创业者需要做好以下几个方面：

(1)创业者需要确定核心岗位。公司里的每个核心岗位，如核心技术岗位、核心管理岗位等，都必须有相应的接班人计划。

(2)创业者需要打造候选人才池，确定潜在的核心岗位接班人。创业者可以根据人才盘点结果确定公司内部的潜在人才，也可以外部引进人才。每个核心岗位可确定1~3个候选人。

(3)创业者要对候选人进行培养。创业者可通过集中理论讲授、轮岗实训的方式对候选人进行培养。即先为候选人设计理论学习的课程，组织候选人集中学习，然后再安排候选人进行轮岗训练，考查候选人的实战能力。

同时,在培训、轮岗阶段,创业者需要对候选人进行考核,优中选优,确定最终的接班人。

(4)创业者需要协助接班人做好交接、尽快适应新工作。接班人上任后,需要一段时间适应新的工作岗位。对此,创业者需要协助接班人做好工作的交接,并及时为接班人提供必要的帮助,使其尽快适应工作岗位、顺利开展工作。

第六节 搭建后备人才管理体系,提供人才保障

一、搭建后备人才管理体系的作用

长期来看,创业者需要搭建后备人才管理体系,做好人才储备,当人才出现岗位调动时,才能够实现人才的及时补充。具体而言,搭建后备人才管理体系有以下几个作用:

(1)保证关键岗位人才的持续供给。关键岗位人才掌握着核心技术,能够指导公司运营,对各项事宜进行管理,在公司的生产经营中具有重要作用。关键岗位人才可能会由于升职、退休等原因离职,导致岗位空缺。而设计好公司的后备人才管理体系,能够确保关键岗位人才的持续供给,避免因为关键岗位人才空缺对公司的持续发展产生消极影响。

(2)优化公司的人力资源结构。随着社会的进步和科技的发展,公司发展过程中需要的知识、技术也在不断更新。而一些公司的一些关键岗位的员工没有学习新的知识、技术,难以继续胜任工作。后备人才管理体系能够

很好地解决这个问题。公司可以在后备人才中选拔并选择具有任职资格的人才补充到关键岗位上，不断更新岗位任职人员，使公司的人力资源结构日益完善。

（3）激励员工不断进步。科学的后备人才管理体系能够为后备人才设计科学的职业生涯规划，使后备人才明确自身发展方向，并且能够通过职业生涯发展通道实现晋升。这能鼓舞员工士气，使公司和员工共同成长。

二、搭建后备人才管理体系要考虑的因素

搭建后备人才管理体系对于公司而言十分重要，那么，创业者应设计公司的后备人才管理体系需要综合考虑以下几个方面：

（1）公司战略。公司战略是公司未来发展的宏伟蓝图，公司的日常运营和各项活动都应紧密围绕公司战略展开。同样，构建后备人才管理体系也应以公司战略为指引。在构建公司后备人才管理体系时，创业者需要明确公司发展战略和人才发展方向，在此基础上对后备人才进行选拔和培养。

（2）公司文化。健康而富有活力的公司文化，是后备人才管理体系顺畅运行的重要保障。公司应营造公平、公正、积极向上的文化氛围，激发员工的进取心和归属感，鼓励优秀员工主动加入后备人才库并接受公司的全方位培养。

（3）公司规模。公司的规模决定了公司后备人才管理体系的层级、覆盖的岗位和具体的人才数量。公司规模越大，后备人才涉及的岗位越多，人才储备也越多，人才管理体系也更加复杂。

（4）后备人才管理体系的配套制度。为了确保后备人才管理体系有效运行，创业者需要精心设计和完善与之相关的配套体系，包括构建全面而高效的人力资源管理体系，制定明确的员工职业生涯规划以及建立合理的晋升体系等。这些配套制度的完善，可以有力地支撑后备人才管理体系高效

运转,为公司长远发展提供坚实的人才保障。

三、后备人才管理体系的内容

具体来说,后备人才管理体系的内容包含四个方面:管理政策、培养计划、任职能力评价以及薪酬管理。

(1)管理政策是后备人才管理体系的核心,明确了哪些岗位需要后备人才以及人才储备数量,并在后备人才的发展路径规划方面提出指导意见。

(2)培养计划指的是对后备人才进行有针对性的培养,避免人才储备形式化。除了组织后备人才参加统一的学习培训外,创业者也可以通过职位轮换调动给予后备人才更多实践的机会,使其充分了解各岗位。

(3)任职能力评价指的是结合具体岗位的任职要求,对后备人才的任职能力进行评价。创业者可以通过一系列对比分析,评估后备人才能够胜任什么岗位,并据此对其进行任用和调动。

(4)为了留住后备人才,创业者需要针对后备人才制定薪酬管理制度。薪酬管理制度需要确保后备人才的薪资水平与市场平均水平相当,甚至略高于市场平均水平,以体现公司对后备人才的重视和认可。

人才是公司发展的保障,后备人才管理体系的建设及后备人才的成长直接关系着公司的发展。要想满足公司长期用人需求、充分释放人才的价值,完善的后备人才管理体系必不可少。

第十三章

标准化流程：以提高效率为目标

　　不少创业者在管理公司时，都发现存在员工工作效率低、业务难以推进的问题。究其原因，在于公司没有标准化的流程。因此，创业者要为业务打造标准化流程，提高公司运转效率，推动公司发展。

第一节 建设与公司发展相匹配的流程

创业者在建设流程时,要关注流程的适用性,确保流程符合公司发展需求。具体而言,创业者可以基于以下步骤建设流程:

一、流程分析

1. 从问题和效率出发

建设流程前,创业者要思考两个问题:要解决什么问题和能否提升公司效率。创业者要从问题、效率出发,力求建设简单、实用的流程,避免建设形式主义的流程。很多公司的客户投诉流程很复杂,一次投诉涉及七八个部门,看似规范实则掩盖了责任,未能真正做到以用户和市场为中心。这种形式主义的流程无法给公司带来真正的效益增长。

2. 全价值链思考

战略管理学家迈克尔·波特于 1985 年提出价值链的概念,强调将公司的财务、生产、经营、人力资源等方面有机整合,使计划、协调、监督、控制等环节形成一个紧密联系的整体。从全价值链的角度思考流程建设的目的是使公司价值最大化，借助业务重组和流程再造，将公司各项有优势的价值创造活动进行整合，扬长避短，从更广泛的角度使公司价值不断提升。

3. 细化、优化、简化

公司的流程建设往往经历从无到有、从繁到简的过程，这就要求公司持续对流程进行细化、优化和简化。

例如，在 A 公司从职能管理向流程管理转变的过程中，流程文件和制度逐渐形成。然而，随着流程的全面执行和问题的暴露，A 公司需要深入分析哪些流程还有优化的空间。最终，通过全价值链的分析，将那些无法为公司创造价值的冗余流程剔除，使公司的运营更高效。

二、确定主导人

流程链连接的是岗位，岗位所属的部门及主导人就是该流程的责任主体。当流程有问题时，可据此迅速找到责任人。

三、调研编制

编制流程文件一定要经过调研，如果编制出来的文件无法解决问题，会造成极大的管理资源浪费。调研工作应该细致入微，具体步骤如下：

1. 深入问题核心，找到失控点

对于流程中出现的失控点，创业者要现场调研、主动发现。例如，品控流程出现了问题，如果创业者不到车间现场调查，就难以准确判断问题究竟出在"人、机、料、法、环"中的哪一个环节。只有深入现场、直面问题，创业者才能找到失控点，进而通过流程协调各个利益相关方，确保问题得到有效解决。

2. 改善方向要明确、具体

在编制流程文件时,改善方向应明确且具体,避免大而全、泛而不专。每一个改善点都应当有明确的指向和可衡量的标准,这样才能确保流程文件在实际操作中具有指导意义,能够真正解决问题。

3. 明确初步的改善动作

调研的核心在于深入问题现场,对问题进行全面、深入的了解和分析。通过调研,创业者可以制定出有针对性的改善措施,并明确初步的改善动作。初步的改善动作能够为后续工作的开展提供明确的指导和方向,确保整个改善过程能够有序、高效地进行。

四、研讨确认

许多管理者在编制流程文件时仅投入三分精力,而将剩余的七分精力倾注于执行。然而,如果前期的流程文件编制没有做到位,流程执行的效果将大打折扣。在编制环节,研讨确认很容易被忽视。有效地进行研讨确认要把握好三个要点。

1. 充分讨论,合理性大于权威性

在确定主导人且主导人分析和总结相应的失控点和问题后,创业者就可以召集相关的责任主体进行研讨。研讨的过程就是集体决策、明确个体责任的过程。在这个过程中,创业者要强调合理性,而非单纯追求权威性,即充分激发责任主体的讨论热情,鼓励他们畅所欲言,而不是成为管理者的"一言堂"。

2. 培养执行者、协作者的认同感并对其进行培训

召开流程研讨会议能培养执行者、协作者的认同感,研讨的过程就是推行流程文件的过程,也是对责任主体进行培训的过程,能使责任主体明确自己在流程中的角色和责任。

3. 动作必须具有针对性

在推行一个管理动作前,创业者要考虑五个问题:为什么要推行这个动

作？具体应如何执行？期望达到什么效果？能起到什么作用？执行结果能够系统化地呈现吗？

通过思考这五个问题，创业者可以确保管理动作具有针对性和实效性，能够推动组织和项目发展。

五、流程文件的确认以及会签

流程落地的关键是经过研讨形成决议后，相关责任主体要签字确认。流程文件会签有两个作用：一是让责任主体充分了解流程文件的内容；二是明确责任主体的责任。

流程文件研讨确定后，要正式地就研讨的内容与责任主体进行逐条确认，如有异议就在现场进一步研讨，确认无误后，责任主体需要对最终确认的流程文件进行会签。这一过程能够确保责任主体对流程文件充分了解与知情，也能明确其责任与担当。

会签的意义不仅在于形式上的确认，更在于实质上的责任明晰，使责任主体能明确自己在流程执行中的角色与职责。

六、改善执行

流程文件会签后，下一步就是执行，执行过程中要注意以下几点：

1. 检查要频繁

确保流程文件真正落地执行的关键是频繁检查。只有频繁检查，才能确保流程文件真正落地生根，进而彰显其权威性与价值。

2. 僵化、优化、固化

在流程落地的过程中，创业者需要遵循"僵化、优化、固化"的原则。僵化意味着在初期阶段，创业者应严格按照流程文件执行，避免过多的变动和纠结。优化则是在僵化执行流程文件的基础上,发现问题并及时改进,使流程更加完善。最终,创业者需要将优化后的流程固定下来,形成稳定且高效的运营模式。这种逐步推进的方式,能够在保证流程文件落地执行的同时,不断提升其质量和执行效果。

3. 动作必须具备针对性

流程文件的执行动作必须具体且有针对性,这样才能确保每一项操作都能达到预期目标。创业者需要根据具体场景和需求,制订详细的执行计划,确保每一个动作都能有效地推动流程文件的落地执行。

4. 执行时避免越级管理

在流程执行过程中,创业者应坚决避免越级管理问题的发生。例如,当总经理发现车间员工犯错时,不应直接质问员工,而应通过车间负责人、主管、组长等层级进行逐级管理。这样做既符合流程规范,又能确保问题得到妥善处理。当然,在紧急情况下,可以根据实际情况灵活变通。

在界定越级管理时,创业者应牢记一条原则:向上能越级投诉但不能越级汇报,向下能越级检查但不能越级指挥。这既是维护流程规范的需要,也是保障公司高效运转的必然要求。

5. 权威性要大于合理性

在流程文件执行阶段,创业者应强调权威性大于合理性。制度是保障公司稳定运行的基石,任何随意发号施令、践踏制度的行为,都会破坏制度的严肃性和有效性。因此,在执行流程文件时,创业者应坚决维护制度的权威性,确保员工严格按照制度要求行事。

七、优化改善

1. 不断优化

流程文件并非一成不变,而是需要不断优化与改善。例如,某公司的流程文件有 A0 版、A1 版、A2 版等，每一次的更新都是对流程管理的深入探索与效果提升，都是公司追求卓越、不断进步的体现。

2. 过程严谨

在流程优化阶段，创业者需要保持与编制流程文件时一样的严谨态度。无论是研讨、调研还是会签，都需精心组织、认真执行，以确保流程文件的科学性与实用性。

3. 固定频率

固定频率是指流程文件要有固定的修订周期，例如，每年或每半年修订一次。创业者要避免走向从不修订和频繁修订两个极端，定期对流程进行适当的调整与更新。

在流程建设过程中，流程设计是基石，明确责任是关键，动作具体是重点，反复检查是保障，持续优化改善是宗旨。虽然流程建设看似简单、枯燥且重复，但正是这些看似微不足道的细节，构成了公司稳健发展的基石。创业者应抱有精细化管理的态度与落地执行的决心，将流程管理真正落到实处，真正实现流程管事。

第二节　聚焦业务，打造完善流程

一、业务流程打造技巧

业务流程是影响公司运作效率的一个重要因素，高效的业务流程能够有效提升公司效益。因此，创业者需要聚焦业务，打造出行之有效的业务流

程。在这方面,创业者需要把握以下技巧:

1. 把握业务流程的六大特性

创业者要想建设出科学、合理的业务流程,需要了解一个完善的业务流程应该具有的六大特性,根据这些特性建设业务流程。

(1)整体性,不同的业务流程要有统一的理念。

(2)普遍性,业务流程应该包含公司业务的方方面面。

(3)结构性,业务流程要以串联或并联的形式呈现。

(4)动态性,业务流程要随着团队和业务的发展动态调整。

(5)层次性,业务流程需要按层级划分,明确主业务和支业务。

(6)目标性,业务流程要有总目标,同时各个环节也要有对应的小目标。

2. 具备流程六要素

业务流程包含六个要素,分别是活动、活动间的逻辑关系、活动的实现方式、活动的承担者、客户、价值。其中,活动是流程的基本要素;活动间的逻辑关系包括反馈、串行和并行三种;价值包括流程的整体价值和流程中某一活动的价值。创业者在建设业务流程时,必须把握好这六个要素,才能使业务流程更加高效。

3. 进行业务分析

进行业务分析是建设业务流程的前提,业务流程以业务为核心,因此,创业者在建设业务流程之前,应对业务进行全面、仔细的分析。需要注意的是,不仅要分析当下进行流程设计的业务,还要分析其他相关联的业务。创业者在进行业务分析时,要做到根据每一项业务的特点为其建立最合适的管理标准。业务分析可以帮助创业者确定业务流程的具体环节,保证业务流程的整体性。

4. 明确流程中的主业务和支业务

主业务是指业务流程的整体目标,其规定了业务范围,具有全局性和整体性,是整个公司或某一部门的发展大方向。支业务是指将业务流程进行分解后细化出的小目标。例如,客服接待流程的主业务是接待客户、解答客户问题;支业务则是向客户推荐各种优惠活动,促进客户消费。

5. 把握关键问题

创业者在建设业务流程时,一定要把握好关于流程的几个关键问题,分别是流程的起点和终点、流程的参与者、流程涉及的活动有哪些、哪些活动是必要的、哪些活动是非必要的、流程的耗时、流程的目标等。正所谓细节决定成败,除了业务本身,建设业务流程还涉及很多方面的问题。创业者只有逐一解决关键性问题,才能建设出合理的业务流程。

6. 流程的建设应立足实际

立足实际是建设业务流程的基础,许多创业者设计出来的业务流程难以执行的原因就是脱离了实际。创业者以事实为基础,才能建设出实用性强的业务流程,业务流程才能起到推动公司发展的作用。

7. 可操作性

业务流程的可操作性是保证业务流程能够顺利执行的关键。只有可操作性强的业务流程,才能正确指导员工的业务操作。

掌握以上建设业务流程的技巧,创业者可以科学、合理地建设出行之有效的业务流程。另外,创业者要根据现有流程实施的情况和公司发展的状况不断改进业务流程,确保业务流程与公司需求相匹配。

二、梳理采购工作,让采购工作有流程可依

一些公司在采购方面缺少明确的流程和严格把控,导致采购流程混乱,问题频发,采购效率不高。创业者需要明确采购流程,让采购工作有流程可

依。具体而言,创业者需要做好以下几个方面:

1. 建设详细的采购流程

很多公司在实施流程管理后,员工的执行力都得到了大幅提高,但一个新问题随之出现,那就是各项工作之间缺少良好的衔接,导致一些环节被遗漏,从而使整个流程的运行脱节。

采购流程同样如此,如果各个环节间不能有效衔接,就很容易出现采购人员从中牟利的问题。对此,创业者需要建设明确的采购流程,例如,任何部门采购物资都需要向创业者提交采购申请,申请被审批后,采购清单交由采购部门进行采购,同时财务部门需要对采购支出进行审核,并将审核结果提交给创业者。采购流程建设好之后,创业者需要要求各部门严格按照流程进行采购工作,以解决采购流程运行脱节的问题。

2. 通过流程管理进行有效分权

创业者可以将采购中的各项工作分解到各个部门,同时规定只有采购部门有权与供应商直接接触。例如,采购部门负责数量统计,但没有定价权和检验权,无法对供应商的决策产生决定性的影响。财务部门负责价格审核和确定,品管部门负责质量检查,仓储部门负责物资入库。

这样一来,采购工作与很多部门都产生了联系,实现了权力的分散和有效制衡,可以确保采购流程更加科学、合理、高效。

以某公司采购电脑为例,该公司创始人张军在对公司的运营情况进行调查时,发现很多员工都抱怨公司的电脑经常死机、质量差。随即张军打开了部分电脑机箱进行抽检,发现部分品牌机并非原装,而是翻新机。在了解到这一情况后,张军马上对行政部门进行了调查。原来,公司并没有设立专门的采购部门,而是由行政部门负责电脑的采购,具体流程如图 13.1 所示。

因为公司没有专门的采购部门,所以没有专门的检验人员负责检查送来的电脑,所有的采购工作均由行政部门负责人决定。而行政部门负责人

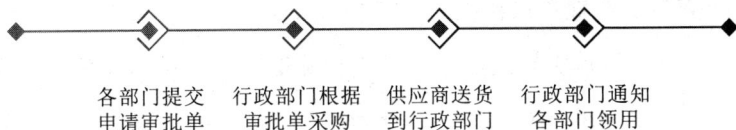

各部门提交　　行政部门根据　　供应商送货　　行政部门通知
申请审批单　　审批单采购　　到行政部门　　各部门领用

图13.1　行政部采购电脑的具体流程

与供应商暗中勾结、以次充好，非法侵占公司的采购经费，损害了公司的利益。

这家公司之所以没有设立专门的采购部门，是因为公司最初的电脑采购权限不明确，办公室、信息技术部、资产管理部门都有采购电脑的权限。办公室认为电脑是办公用品，应该由办公室负责采购；信息技术部门认为电脑属于信息技术资产，应该由信息技术部门负责采购；资产管理部认为电脑是固定资产，应该由资产管理部门负责采购。为了解决三个部门之间的争端，公司最终将电脑采购权交给了行政部门，但又因为公司没有安排检验人员，导致采购流程混乱，行政部门负责人以次充好。

这个案例说明，如果没有明确的职责划分和详细的采购流程，极易滋生腐败问题。因此，创业者一定要设置严格的管控流程，分散权力，避免这类问题出现。

三、建立订单管理流程，提高订单处理效率

在产品销售方面，创业者需要建设订单管理流程，提高订单处理效率。建设订单管理流程具有诸多优势，主要体现在以下几个方面：

1. 简化订单履行流程，提高效率

完善的订单管理流程中的每个环节都是合理且必要的，削减了此前可能存在的不必要的环节，使订单履行过程更加流畅、高效。

2. 使得资源配置更加合理

一个完善的订单管理流程对于优化资源配置至关重要。它能够在接收到订单后向客户提供准确的库存信息,使客户在下单时能够了解产品库存情况,从而做出更明智的购买决策。同时,完善的订单管理流程还能根据客户的级别、订单的紧急程度以及各地库存数量等因素,灵活调配资源,确保订单能够高效、准确地得到处理。

3. 避免订单出现疏漏

完善的订单管理流程可以避免订单中出现疏漏。例如,某客户在某网店买了某样产品,三天后发现产品还未发货,询问过客服后才发现是漏单了。这让该客户非常生气,不仅退了货还给了该网店差评。如果这家网店有一套完善的订单管理流程,就能及时发现漏单的情况,避免上述问题发生。

订单管理流程涉及订单生成、订单支付、订单审核、订单生产、订单配送、订单完成等环节。创业者必须加强监督,确保环节间流畅衔接,执行过程高效,以保证迅速地解决突发问题。

同时,创业者应重视对订单信息的汇总与分析,包括历史销售订单数据的梳理、未完成订单的状态跟踪,以及订单执行过程中出现的问题等。通过对这些信息的系统整理,创业者能够直观地了解公司的业绩与存在的问题,从而更有针对性地制定改进措施和优化策略。

第三节 流程评估,持续改善

创业者需要对流程的成熟度进行评估,及时发现流程存在的问题,并进行优化。持续进行流程评估与优化，能够优化资源配置，提高公司运作效率。

一、流程评估步骤

为了保证评估的客观性，流程成熟度评估需要遵循一定的步骤，如图 13.2 所示。

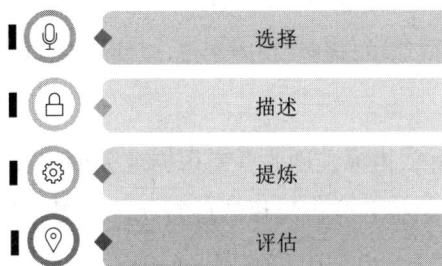

选择

描述

提炼

评估

图 13.2 流程成熟度评估的四个步骤

1. 选择

选择是指选择流程评估对象。公司中有很多流程，如生产流程、销售流程、采购流程、招聘流程等，并非所有的流程都需要被评估。创业者需要结合公司业务经营或管理的特点，选择其中的关键流程或流程中的关键环节进行评估。

可作为评估对象的流程如下：

(1)与公司核心业务、营收或核心竞争力有关的流程。

(2)成熟度较低，相关执行、管理人员能力较弱的流程。

(3)较为重要、绩效波动大、容易发生问题的流程。

选择具有以上特征的流程作为评估对象，一方面，符合管理的"二八法则"；另一方面，有利于控制流程评估的成本，确保投入产出比最大化。

2. 描述

描述是指描述流程评估对象。目前普遍采用的描述流程评估对象的方法是流程图。流程图可以清晰地展现流程的各个环节及负责人、各环节之间的关系。

在描述流程评估对象时,创业者要注意以下几点:

(1)描述的根本目的是真实还原流程运行现状。

(2)标明每个流程的环节或活动以及负责人。

(3)流程描述的内容包括流程的目标与执行范围。

(4)流程图工具应简单、规范、功能完善,以便后期修改、管理时便于操作。

3. 提炼

提炼是指提炼评估指标。创业者要根据业务的实际运作情况提炼出相关量化指标,进一步监控并分析流程的运行状况。提炼流程评估指标时,创业者要遵循科学性原则、系统优化原则、通用可比原则、实用性原则以及目标导向原则。

4. 评估

评估是指评估流程现状。在提炼出流程评估指标后,创业者就可以收集相关指标数据,评估流程现状。通过对流程指标数据进行横向与纵向比较,创业者可以深入剖析数据背后的变化原因,结合流程图精准定位出现问题的环节,并探寻问题根源,找出相应的解决办法。

流程管理并非一蹴而就的短期行为,而是一项需要长期坚持、循序渐进的工作,以持续提升公司的运营和管理水平。流程成熟度评估作为公司流程管理中承上启下的重要环节,需要持之以恒地开展。

二、中国电信:探索全流程管理

在流程管理趋势下,很多公司都搭建了完善的流程管理体系,并为新业务建设新流程。以中国电信广东公司为例，其在推动通信产品实现电商化运营的过程中，通过精细化的流程管理，大幅提升了运营效率。

中国电信广东公司以"去电信化"为转型思路，提出了通信产品电商化转型的运营理念，并且在实践中实现了全流程化管理。在电商化转型的过程中，中国电信广东公司融合了电商和电信的优势，采取线上展示、线下购买的 O2O(online to offline，线上到线下)电商模式。通过全流程化管理，中国电信广东公司成功打通了各个渠道，只要有网络覆盖的地方，客户都能轻松通过电子商城购买所需产品。

在电商化转型过程中，中国电信广东公司运营理念的创新主要体现在以下几个方面：

1. 重组电商核心流程

中国电信广东公司根据电信业务的特征，实现了电商流程与电信流程的结合，打造了全新的通信产品电商化运营流程，同时制定了多项运营规范，全面实现了流程化运作。

2. 采取市场化创新方法

中国电信广东公司积极尝试市场化创新方法，一方面，在淘宝、天猫等平台上开设自营的官方旗舰店，引入外部运营团队；另一方面，以效益为目标，采取"竞标制"，公开竞标电子渠道中心负责人，再由负责人挑选优秀员工组建团队。这实现了团队贡献与增量收入、资源投入与产出的挂钩。

3. 打造一体化电商平台

中国电信广东公司结合电信业务和电商运营的特点，实现了集约运营的电信 B2C(business to consumer，公司直接面向客户销售产品或服务)网上销售，以及工单自动处理、仓储扫描分拣等全程自动化的运作。另外，中国电信广东公司还实现了与淘宝、京东等电商平台的无缝对接，提高了电信业务的销售能力，拓宽了与客户的接触面。

4. 打造差异化的创新产品,构建个性化、自主化产品体系

中国电信广东公司始终坚持以客户需求为导向,精心打造个性化、自主化的产品体系。其推出了客户定制手机、自由组合套餐等创新产品,并将优惠定价权交予客户,有效规避了不良价格竞争,显著提升了客户满意度。

5. 利用流程化管理整合内外渠道资源,引入新兴电商营销模式

中国电信广东公司依托流程化管理,精准把握市场需求,引入脉冲式营销、借势营销、C2B(customer to business,客户到企业)营销等多种营销模式。这些新兴的营销模式不仅满足了不同客户的多样化需求,还使得中国电信广东公司在电商领域的影响力得到提升。

同时,中国电信广东公司还通过整合内外渠道资源,实现了资源的优化配置和高效利用,为自身的电商化转型提供了有力支持。

中国电信广东公司打造的通信产品电商化转型运营体系,是其在深入洞察电信业务和电商运营特点的基础上精心设计的成果。该体系打通了电商运作的各个环节,并在实践中持续优化,最终获得了巨大的成功,为中国电信广东公司的长远发展奠定了坚实基础。

第十四章

扩充资金池：融资是创业必经之路

———

　　在公司规模化发展的过程中，融资是必经之路。通过融资获得资金，公司才能实现扩张和发展。想要获得融资，创业者就需要做好融资规划，寻找合适的投资人。同时，在融资过程中，创业者需要牢牢把握对公司的控制权，避免自己被"扫地出门"。

第一节 融资战略

一、为什么不能等到缺钱时再融资

在融资方面,创业者需要注意一个要点,即融资要趁早,不能等到缺钱时再融资。原因有两个:一是创业者在缺钱时很难快速找到资金;二是很少有投资人愿意在创业者缺钱时雪中送炭。

1. 创业者在缺钱时很难快速找到资金

很多公司都选择在比较富裕时进行融资,因为此时融资不需要委曲求全,而且效果更好。例如,SaaS 市场上的巨头 HubSpot 在资金非常充足的情况下进行第四轮融资,并借此顺利上市,实现高速、稳定发展。通过该公司的经历,我们可以知道,融资不能在缺钱时进行,而是要在富裕时进行。

2. 很少有投资人愿意在创业者缺钱时雪中送炭

投资看的是概率,投资人所做的一切都是为了保证自己的利益和回报,他们更愿意锦上添花,而无意雪中送炭。大多数投资人都非常有经验,虽然他们的投资选择存在一定的随机性和偶然性,但他们更愿意为经济条件比较好的公司投资，因此，创业者一定要把握好融资时机。

对于创业者来说，融资是一件要坚持做的事情。即便刚完成一轮融资，也应该未雨绸缪，提前制定下一轮融资规划。

一般来说，当公司银行账户里的资金只能满足公司18个月的运营需求时，公司就应该制定融资规划，并及时启动下一轮融资。

当然，如果创业者在创立公司时就已经制定好融资规划，就再好不过了。例如，提前规划好公司的运营状况达到某一层级时启动哪一轮融资，以及投资人需要满足哪些条件、为公司提供哪些增值服务等，这样可以避免公司缺钱时融资无门，对公司发展产生负面影响。

二、融资战略关键要素

在制定融资战略时，创业者需要从全局出发考虑四个关键要素，如图14.1所示。

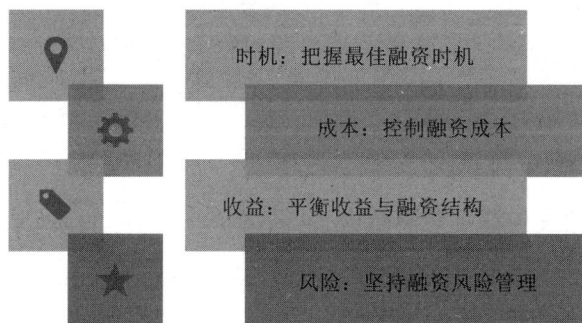

图 14.1　制定融资战略时应考虑的四个关键要素

1. 时机：把握最佳融资时机

投资人在谈判过程中会"广撒网"，他们一般会先将项目握在手里，然后再做决策。然而创业者的时间非常宝贵，一旦错过时机，项目就有可能

"死"在自己手里。因此,当创业者确定好融资战略后,就需要精准把握最佳融资时机,锁定最佳投资人,争取在融资过程中占据主动地位,顺利拿到资金。

"礼物说"是"90 后"创业者创立的移动电商平台,以"礼物攻略"为核心,收罗时下潮流的礼物和送礼物的方法,为用户推荐热门礼物,用户也可以在平台上下单。该公司 A 轮获得红杉资本 300 万美元的投资,B 轮获得顶级知名机构 3 000 万美元的投资,估值超过 2 亿美元,后来又顺利完成上千万美元的 C 轮和 C+轮融资。

创始人一直坚守一条定律:不能等到缺钱时再融资,提前 6 个月进行下一轮融资。在进行 B 轮融资时,公司的银行账户内储备了大量资金,他认为这样做可以保证公司在短时间内无生存压力,可以集中精力研发产品,还能在后续融资中保持较高估值。

2. 成本:控制融资成本

融资成本是一个宽泛的概念,它不仅包括融资过程中耗费的经济成本,还包括为了实现融资目标而舍弃的时间、机会等无形成本。为了成功获得融资,创业者可以满足投资人的基础要求,但同时也要根据公司的实际情况,将融资成本降到最低。

3. 收益:平衡收益与融资结构

如果创业者发现有利的融资时机,就应当果断为公司融资。但创业者要选择合适的估值方式,还要从交易层面考虑如何让公司获得最好的发展。

4. 风险:坚持融资风险管理

融资的各个阶段都离不开风险管理。例如,融资前,创业者要规避一些可能性风险;融资时,创业者要了解交割条件、对赌条款等潜在风险;融资后,创业者要警惕 IPO 红线。

第二节 常见的三大融资方式

天使轮融资、股权众筹、VC 投资是创业者常用的三大融资方式。不同的融资方式有不同的特点，创业者需要根据自己的需求选择合适的融资方式。

一、天使轮融资

天使轮融资是一种早期融资方式，为初创公司的市场调查、产品设计、宣传推广等工作提供支持。天使投资人会以个人或机构的名义为公司投资，帮助有创意和想法但缺少资金的创业者创业，与创业者共同承担风险、共享收益。有些能力强的投资人还会为公司提供渠道、供应链、人才等方面的资源。

1. 天使轮融资的特点

一般来说，天使轮融资具有以下特点：

(1)公司处于初创阶段，虽然有了初步的商业模式和产品，也积累了一些用户，但发展尚未成熟，在制度和管理方面仍需进一步完善。

(2)融资金额通常较小，在 100 万～1 000 万元。如果项目具有显著的优势和巨大的潜力，投资人也愿意投入更多的资金。

(3)以个人投资者居多，但随着投融资行业不断发展，越来越多机构投资者也参与到天使轮融资中。例如，知名投资机构真格基金的投资人，就热衷于参与天使轮融资。

2. 受天使轮投资人青睐的公司的特点

在天使轮融资中,具有以下特点的公司更受投资人的青睐:

(1)团队优秀。不同的投资人对何为优秀团队有着自己独特的见解。例如,一些投资人偏爱经验丰富的连续创业者所带领的团队;一些投资人更倾向于与年轻、有活力的团队合作;一些投资人青睐专家型团队;还有一些投资人对能够盈利、具有毅力且发展前景广阔的团队情有独钟。

(2)项目的核心指标表现突出。在当今的市场环境下,仅凭精美的 PPT 难以获得投资人的青睐。投资人往往要求创业者提供与项目相关的实际数据,如日活跃用户量、利润率、收益增长率等。只有当这些数据具有足够的吸引力和竞争力时,投资人才会考虑进行投资。

(3)公司成长潜力巨大。投资人追求的是回报,公司的成长速度越快,投资人的收益越高。因此,投资人更愿意投资能够迅速成长的公司。例如,在短时间内用户量激增近 10 倍,且利润率以每月超过 50% 的速度持续增长的公司。这样的公司不仅能够让投资人看到光明的未来,还能确保投资人获得可观的回报,具有强大的市场竞争力。

二、股权众筹

从定义上来看,股权众筹是指公司出让部分股权给投资人,投资人通过投资成为公司的股东,从而分享公司未来收益的一种以互联网渠道为基础的新型融资模式。这一融资模式在当前很受创业者的青睐。

1. 股权众筹的特点

股权众筹有两个特点:单笔融资金额较小、投资人数量众多。这两个特点使得股权众筹具有效率高的优势,但劣势是投资人众多导致投后管理比较麻烦。

2. 股权众筹的操作要点

股权众筹的操作要点主要有以下几个：

(1)定位项目。行业的前景如何、如何开发项目等都是创业者必须思考的问题。

(2)盘点与整合资源。在明确了项目的定位后,创业者需要思考如何有效整合资源。这涉及对团队成员的专业技能和特长进行评估,以及盘点现有资源,确保项目能够顺利推进。

(3)设计运营框架。创业者需要思考项目的经营模式、团队的权责利分配。同时,还要考虑股权代持等可能存在的问题,以确保项目在合法合规的框架内进行。

(4)筛选股东。为了提高融资效率,创业者应提前设定股东的准入标准,综合考虑股东的年龄、行业背景、专业能力、性格等因素。理想的股东是在行业内有影响力、专业能力强、具备丰富社交资源的人。

(5)签约。签约前,创业者需要准备好股权众筹协议、一致行动人协议、股东代持协议、退出机制等文件,并想好股价应该如何确定。通常确定股价的标准是,众筹到的资金可以支撑公司运营2~3年。

(6)激活股东。有些股东在投资后对项目的参与度不高,对公司的发展也不上心,对此,创业者需要通过组织活动、定期交流等方式激发股东的积极性,使他们的价值最大化。创业者还可以设计股东利益机制,在正常的分红外为股东提供其他形式的回报。

(7)管理股东预期。有些股东对项目或公司的发展预期过高,一旦实际发展速度达不到他们的预期就会产生负面情绪。为了解决这一问题,创业者要加强股东预期管理,避免一次性承诺过多的回报。

(8)制定退出机制。股东终有一天会退出公司,对此,创业者应未雨绸缪,设计完善的退出机制,包括以什么方式退出、在什么期限内不允许退出、以什么价格回购股权等。这样可以保证股权动态流转起来，为公司的未来发展留下更多弹性空间。

三、VC 投资

当公司发展到一定阶段，产品成熟或项目取得重大进展，前期融资无法满足发展需求时，VC(venture capital，风险投资)便成为创业者的明智之选。

1. VC 投资的特点

(1)VC 投资更青睐中小型公司，尤其是中小型高新科技公司。被 VC 投资看中的公司往往有希望在 3~5 年内上市。

(2)创业者通过 VC 投资获得的资金的规模通常为 200 万~1 000 万元，有时甚至高达数千万元。投资人通常持有 10%~20% 的股权，他们一般不会要求享有控股权，也不要求担保或抵押。

(3)VC 投资的决策过程很严谨，高度专业化、程序化。在决策前，投资人会进行深入的尽职调查，并进行价值评估、风险预测。

(4)VC 投资人会积极参与公司的运营和管理，为创业者提供增值服务，如提供管理建议、引荐高素质人才等。部分投资人甚至会参与公司所有轮次的融资，满足公司对资金的需求。

2. VC 投资的流程

一般而言，VC 投资包括以下流程：

(1)初次筛选。投资人从众多项目中筛选出有前景的项目，以降低投资风险。他们主要关注商业计划书的执行总结部分，这部分内容吸引他们，才会深入了解整个商业计划书。

(2)项目审议。如果投资人对商业计划书感兴趣，就会将商业计划书递交投资小组进行审议。通过审议后，项目评估小组会对项目进行更深入、更全面的评估，并要求创业者提供更详细的资料和一些重要文件。

（3）谈判。若项目通过审议，投资人就会与创业者就估值、股权等关键问题进行谈判。

（4）交易完成。谈判达成一致意见后，投资人与创业者需要签署相关协议。这些协议最好由专业的律师准备。如果交易涉及修改公司章程，创业者要上报有关部门进行批准和备案。从初步筛选到交易完成，通常需要 90～150 天。

（5）项目跟踪。交易完成后，投资人会参加公司的会议，跟踪项目实施情况和公司的经营管理情况，并帮助创业者制定商业战略，为公司的后续发展与成长提供必要支持。这样可以使他们的资金实现最大化增值，他们可以获得更多收益。

（6）投资人退出。投资人通常在一定时间（一般为 3～7 年，部分长达 10 年）后退出，以保持资金的流动性和增值性。退出的途径主要有公司上市、股权回购等。

VC 投资有助于公司在激烈的竞争中提升运营和管理水平，即使市场形势不乐观，投资人也能依靠自己的能力和资源延长公司的生命周期，帮助公司度过瓶颈期。因此，创业者应重视 VC 投资，充分认识到其在公司发展中的重要作用。

第三节 寻找优质投资人，确定公司估值

一、如何找到优质投资人

靠谱的投资人对公司融资成功及后续的发展来说十分重要。创业者可

以通过图 14.2 所示的方法寻找优质投资人。

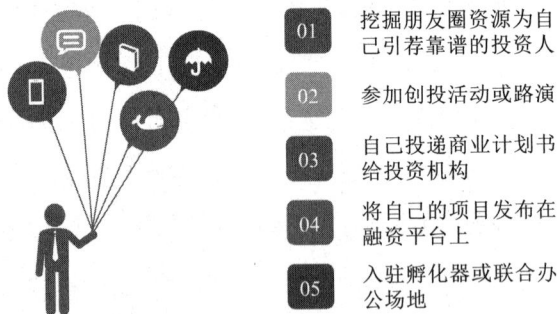

图 14.2　寻找优质投资人的方法

1. 挖掘朋友圈资源为自己引荐靠谱的投资人

在创业初期,创业者可以借助自己的朋友圈寻找投资人。一方面,创业者的朋友往往愿意伸出援手,为创业者引荐高质量的资源和人际关系资源;另一方面,如果创业者的朋友或熟人与某些投资人关系匪浅,那么基于对他们的信任,投资人也会更容易对创业者产生信心,从而更倾向于为他们投资。

此外,如果创业者的项目已经成功完成天使轮或 A 轮融资,那么现有的投资人便成为宝贵的资源。他们不仅可能继续为创业者提供资金支持,还可能利用自身的行业影响力,帮助创业者接触到更多合适的下一轮投资人或投资机构,从而为公司的后续融资和发展提供有力支持。

2. 参加创投活动或路演

政府和商业机构经常举办创投对接活动,特别是在创业氛围浓厚的北京、上海、深圳等地。创业者应抓住这些机会,积极参加线下的沙龙活动或创业大赛,与更多投资人和投资机构近距离接触,从而增加项目曝光度,获取更多融资机会。

3. 自己投递商业计划书给投资机构

虽然直接向投资机构投递商业计划书的方式效率相对较低,但创业者可通过精心准备来提高成功率。首先,列出目标投资机构清单,并提前调查其关注点和投资方向。其次,积极寻找与这些投资机构接触的机会,以了解其需求和偏好。最后,针对特定投资机构的需求,有针对性地撰写并投递商业计划书,提高被选中的可能性。

4. 将自己的项目发布在融资平台上

将项目发布在融资平台上是一种快速且直接的融资方式。目前,市场上有很多融资平台,如创投圈、天使汇、创业邦等。创业者可根据项目特点和需求,选择合适的融资平台,将项目发布在上面,以吸引潜在投资人的关注。

5. 入驻孵化器或联合办公场地

入驻孵化器或联合办公场地是创业者拓展资源、接触更多投资人的有效途径。孵化器或联合办公场地不仅提供办公空间和基础设施,还拥有丰富的资源和人际关系网络。通过入驻这些场地,创业者可以接触到更多投资人,获取更多融资机会。市场上有很多孵化器和联合办公场地品牌,如3W孵化器、桔子空间、氪空间、优客工场等,创业者可根据项目需求选择合适的场地申请入驻。

二、如何确定你的公司值多少钱

在融资过程中,创业者需对公司的价值进行准确的评估,以明确公司值多少钱。为公司估值至关重要,因为只有创业者对公司的价值有清晰的认识,才能在与投资人谈判时就估值问题展开深入的讨论,从而达成双方都接受的融资协议。

陈阳是一家公司的创始人,公司刚开始发展得并不顺利,主要是因为没有资金支持。为了获得资金,陈阳和他的团队计划融资。陈阳在网上找到了一位投资人。这位投资人对他的项目很感兴趣,路演结束后,对他的公司进行了尽职调查。

接下来,陈阳和投资人进入谈判阶段。因为投资人对陈阳的项目、团队等都很满意,于是问陈阳:"你们公司的估值是多少?"陈阳瞬间不知所措,他没有考虑过这个问题,便随口说了一个数字。投资人听到陈阳说的是一个"天文数字",与预期相差太大,而且经过多次交涉,双方也没有就这个问题达成一致意见。最终的结果是,投资人没有给陈阳投资。

如果投资人和创业者进入谈判环节,肯定会谈及估值问题。估值不是随口说一个数字,而要进行细致、准确的计算。一个估值合理的公司,更容易获得投资人的青睐。

在为公司估值时,创业者需要考虑以下几个要素:

1. 用户数量

公司想获得发展,首要目标就是吸引大量用户。如果在短时间内公司可以吸引大量用户,就说明公司的发展前景非常广阔。投资人也关心公司是否可以吸引用户,一般来说,公司的用户越多,用户增长速度越快,公司的估值就越高,能够给投资人带来的回报越丰厚。

2. 成长潜力

公司是否有成长潜力也是投资人比较关注的一点。在融资谈判时,创业者可以用数据向投资人展示公司的成长潜力,以使公司获得一个较高的估值,获得更多资金。

3. 收入

收入也能作为估值的一个依据。公司有了收入之后,就会产生利润率、利润增长率等数据,这些数据可以帮助创业者确定合适的融资金额。当然,对于初创公司而言,收入也许只占一小部分,通过收入计算出来的估值不能代表其全部潜力,但可以为融资谈判提供参考。

4. 创始人和员工

出色的创始人更容易吸引投资人,可以帮助公司获得更多资金。创始人的过往工作背景、人生经历等因素影响着公司融资的成败。如果创始人和员工的能力很强,那么由他们组成的公司必定有巨大的发展潜力。例如,一些互联网公司有专业的技术团队,在融资时能够获得高估值,因此能够获得更多资金。

5. 行业

行业不同,估值也不同。以餐饮行业和高科技行业为例,餐饮行业的估值通常是总资产的3～4倍;而高科技行业潜力比较大,估值一般是年营业额的5～10倍。在和投资人谈判之前,创业者一定要了解公司所在行业的整体形势。

6. 孵化器

有些公司的诞生与成长离不开孵化器的扶持与培育。这类公司不仅能够享受到专业团队的指导,而且在资源方面相较于一般公司更具优势。在孵化器的助力下,公司能够依托专业的数据分析来确定自身的发展方向。这不仅有助于公司的稳健成长,更能在与投资人进行融资谈判时,为公司争取到更高的估值。

7. 期权池

为了吸引优秀员工加入公司而提前预留的股票就是期权池。通常期权池越大,公司的估值越低。期权池是一种无形资产,其价值一般会被忽略。

8. 实物资产

有些公司实物资产不是很多,因此在估值时不会将这一部分考虑进去。实际上,实物资产也属于公司资产,会对估值产生一定影响。

9. 知识产权

公司拥有的专利、商标等知识产权也是公司资产,有助于提高公司估值,因此在估值时要计算进去。例如,某公司的创始人因为拥有两项专利而多获得了投资人 500 万元的资金。

在初创期,公司估值越合理越好。估值不合理,意味着公司要承担的风险更大,公司一旦出现了问题,就要被迫接受很多不公平条款。因此,创业者要根据公司实际情况计算出一个合理的估值,以提高投资人投资的概率,避免自己遭受不必要的损失。

第四节　牢牢掌握公司控制权

融资会导致创始人的股权被稀释,影响创始人对公司的控制权。为了保障自己的控制权,创始人可以采取多样化的股权控制方式,如图 14.3 所示。

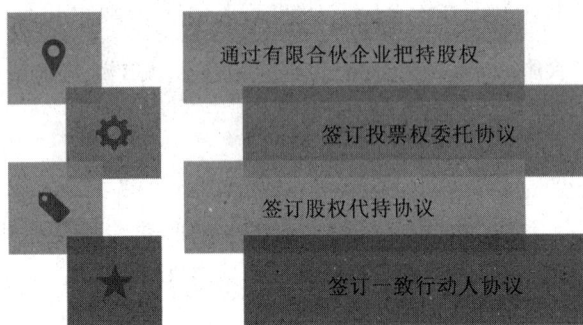

图 14.3　创始人可采用的股权控制方式

一、通过有限合伙企业把持股权

有限合伙企业是由普通合伙人和有限合伙人组成的一种新型合伙模

式,其中,普通合伙人承担无限连带责任,有限合伙人根据其出资额承担有限责任。在这种合伙模式中,虽然普通合伙人承担无限连带责任,但可以作为事务执行人对外代表公司,并掌握绝对决策权。而有限合伙人虽然可以获得分红,但没有决策权和公司控制权。

有限合伙通过分离投票权与股权、决策权与分红权,使创始人能够牢牢掌握控制权。此外,其独特的内部治理机制有助于降低运营成本,提高决策效率。如果投资人通过有限合伙企业持有股权,就可以随意转让自己的股权和权利,退出也更自由。这种在获得收益的同时可以自由退出的投资模式,对投资人有更大的吸引力。

创始人可以自己或让自己名下公司在有限合伙企业中担任普通合伙人,让投资人在有限合伙企业中担任有限合伙人,从而控制有限合伙企业,获得更多股权。有限合伙人享有分红权,但不参与日常管理决策,无法控制公司。

需要注意的是,一旦创始人的婚姻状况发生变化,稍有不慎,创始人会失去股权以及对公司的控制权。因此,要想保证股权和控制权的稳定性,创始人可以成立有限合伙企业或对投票权进行合理设计,如签订投票权委托协议、一致行动人协议等。

二、签订投票权委托协议

京东在美国纳斯达克上市之前,已经进行了多轮融资,当时,刘强东持股18.8%。为了保障自己对京东的控制权,刘强东采用了一种比较好的方法:与红杉资本、高瓴资本、腾讯等大股东签署投票权委托协议,在京东上市前获得51.2%的投票权。

通过和投资人签订投票权委托协议,创始人能够获得更多投票权。签订投票权委托协议之后,投资人的投票权由创始人代为行使,但其依然享有分红权、增值权和处置权等多项权利。

三、签订股权代持协议

签订股权代持协议也是创始人保障自己控制权的一种有效方法,即创始人通过股权代持协议代持激励对象或投资人的股权。

虽然被代持的股权名义上属于创始人,但法律上属于激励对象或投资人。创始人可以在一定程度上代替被代持股权的激励对象或投资人行使投票权,但有潜在的法律风险。

此外,因为公司在上市时必须有明晰的股权架构,所以即将上市的公司一定要谨慎签订股权代持协议。

四、签订一致行动人协议

签订一致行动人协议是为了保护创始人对公司的控制权,相当于在公司股东会之外又建立一个由部分股东组成的"小股东会"。在讨论某一事项时,"小股东会"会事先给出一个结果作为唯一对外的意见,用以决定这一事项是否进行。

如果有人做出相反的决定,或者违背一致行动人协议,其他签约人有权在法律允许的范围内根据协议约定对其实施惩罚。

2023年10月,陕西某电器公司的创始人与其他股东签订了一致行动人协议,至此,这位创始人与其他股东共同持有5 400万股股权,占公司总股权的25%。他们签订的一致行动人协议主要包含一致提案和一致投票行动,而双方作为公司的股东所享有的股票处置权、分红权、查询权等权利则不受影响。

第十五章

多元化扩张：推动公司规模化增长

在公司发展过程中，创业者不仅要考虑如何使公司稳定发展，还要考虑怎样才能推动公司进一步成长，获得规模效应。为了积蓄势能，提升竞争力，公司需要持续地进行扩张。为此，创业者需要做好公司扩张规划，通过多元化的扩张方式，实现公司的规模化发展。

第一节　公司为什么要进行扩张

公司扩张的原因多种多样,从整体来看,公司扩张的原因可以分为内部原因和外部原因两类。

一、内部原因:规模化发展和多元化经营的需要

从内部来看,扩张是公司实现规模化发展和多元化经营的必然要求。公司扩张的内部原因可以拆分为四个,如图 15.1 所示。

1. 实现规模经济

扩张有助于弥补公司的资源短板,扩大公司的生产规模,降低平均生产成本,实现规模经济。这不仅提升了公司的市场竞争力,也为其赢得更多资本的青睐提供了有力支撑。

2. 控制成本

当公司进入新的领域时,往往会面临技术、经验、销售网络等多重挑战。如果仅仅依靠投资来应对这些挑战,不仅成本高昂,而且风险巨大。相比之

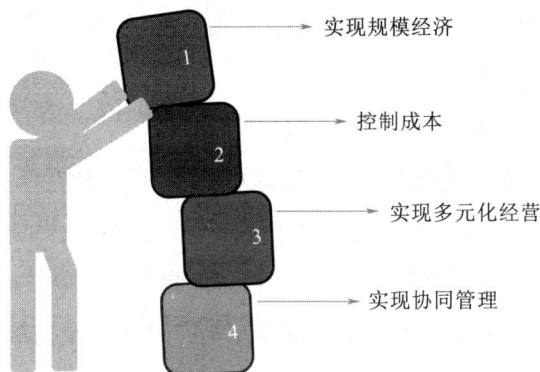

图 15.1　公司扩张的内部原因

下，通过兼并其他公司来实现扩张，则能够更便捷、稳妥地利用被兼并公司的供应商渠道、销售渠道和市场资源，降低进入新领域的成本。

3. 实现多元化经营

公司的生产经营受宏观经济波动的影响，不同产品有不同的波动周期。如果公司只生产一种产品，那么在产品受波动周期影响陷入低潮时，就会严重影响公司效益。因此，在资金充足的情况下，公司需要将目光瞄向高回报的领域，通过并购的方式拓展经营范围、产品类型等，借助被并购公司的能力创造价值，实现多元化经营。这样可以帮助公司分散或抵消风险，增强公司的生命力。

4. 实现协同管理

协同管理是指两家公司合并后，通过整合各自的优势资源，实现价值最大化。公司通过扩张实现协同管理，可以实现生产要素、无形资产的共享，提高公司的整体实力。例如，一家在管理方面有优势的公司可以兼并另一家管理效率低的公司，通过整合双方的管理资源，实现协同管理，提高整体管理效率，创造出更大的价值。

二、外部原因：引入资源，应对竞争的需要

从外部来看，公司所处的外部环境是不断变化的。公司需要通过扩张

增强自身竞争优势,以应对外部环境的变化,实现长久发展。公司扩张的外部原因主要有以下两个:

1. 调整公司资源配置

为了降低资源贬值对公司经营的影响,保持长久的竞争优势,更好地适应外部环境,公司需要不断调整资源配置,充分挖掘资源的价值。同时,资源的有效整合可以形成新的优质资源,进一步提升公司的核心竞争力。

并购作为一种高效的公司扩张战略,在资源的获取与利用方面具有显著的优势。通过并购,公司不仅能够拓宽核心资源的应用领域,将其应用于更多元化的业务场景中,还可以通过获取互补资源或强化现有资源,实现资源升级,进而形成新的核心资源。这些新的核心资源将成为公司创新产品和服务的重要支撑,推动公司业务的持续发展。

2. 公司外部竞争加剧

很多公司在创业之初抓住了市场机遇,以细分领域为切入点,获得了不错的发展。但随着市场中的竞争者越来越多,公司面临的竞争压力也越来越大。要想始终保持竞争力,公司就需要通过并购其他公司或者与其他公司进行联合来扩大规模、占领更多市场份额。

在发展过程中,公司需要找准时机,通过扩张实现进一步发展。这可以帮助公司建立新的竞争优势,满足公司发展战略、外部环境变化的要求。

第二节　做好规划,推动公司扩张

一、战略规划,明确公司扩张的方向

公司扩张之路是艰难且曲折的,在扩张决策制定、实施过程中存在很多风险,可能导致公司陷入进退两难的困境。因此,创业者进行公司扩张规划时,应明确公司扩张的方向,警惕并有效规避扩张风险,以更高效、顺利地实现扩张的预期目标。

创业者在追求快速发展的同时,不仅要有敢于冒险的胆识,更要有冷静理性的头脑。创业者需要统筹规划,对扩张过程中可能出现的风险保持高度警惕,做到未雨绸缪,确保扩张计划能够平稳、有序地推进。具体而言,创业者应当做到以下几点:

1. 根据公司基础条件把控扩张规模和速度

在扩张实践中,公司扩张规模和速度往往取决于公司自身的发展基础和条件,包括公司拥有的组织资源、公司的管理能力等。公司拥有的组织资源包括完善的管理组织、公司制度、治理结构、资金、设备、人才、技术、无形资产等。如果公司拥有的资源无法支撑扩张战略的实施,很可能导致公司扩张后畸形发展。

公司的管理能力主要是指公司开发后续产品和识别潜在市场机会的能力。如果公司能够敏锐地识别并抓住市场机会,并采用科学、合理的市场战略和产品战略,就很容易进入高速扩张阶段。反之,如果公司缺乏这样的能力,盲目跟随市场热点进行扩张,就会导致资源浪费、扩张失败。

2. 提升自身素质

创业者是引领公司成长和进步的领袖,其素质水平和领导能力直接关系到公司的兴衰成败。现如今,大多数公司的业务范围相对集中,在这种情况下,创业者对公司经营管理的影响更大。因此,创业者的素质提升成为公司平稳成长的关键。

创业者需要树立开放思维、善于自我扬弃,在领导的过程中不断加强自我学习和培训。创业者还要具备高瞻远瞩的视野,能够分辨和抵制诱惑,保持良好的心态,从公司可持续发展的角度出发,稳步推进公司扩张和进步。

3. 完善公司基础管理工作

优秀的公司往往有优秀的管理作为支撑。而当前，很多公司的管理更多地依靠创业者的个人经验，缺乏科学理论和方法的支撑。这种情况如果长期持续下去，必然成为公司发展的瓶颈。

因此，创业者需要重视公司的基础管理工作，不断汲取先进的管理经验，积极创新管理方法和理念。在科学理论的指导下，公司更容易实现管理信息化、现代化和制度化。

公司扩张和成长的本质是不断积累成长动能、提升竞争力。创业者需要明确公司扩张方向，制定合理的扩张策略并循序渐进地推进，使公司持续、稳定地扩张。

二、资金规划，保证资金高效利用

资金规划是公司扩张中至关重要的一环。如何科学、合理地规划资金的使用，是创业者需要认真思考的问题。

创业者需要明确扩张目的和规模，并制订合理的扩张计划，包括扩张所需的资金、时间等。在规划资金使用时，创业者应尽可能地确保资金的安全性和流动性。

在资金的安全性方面，创业者应审慎选择投资项目，注重风险与收益的平衡，确保资金稳健增长；在流动性方面，创业者可以通过提高资金回收的速度和财务信息的透明度等方式确保资金能够迅速、高效地流转。

创业者应该根据扩张计划合理进行资金调度。在资金利用率较高的前提下，创业者应该尽量少使用高成本的资金。创业者应根据公司的经营和发展需求，结合市场和财务状况进行科学的资金分配。这需要创业者制定完善的财务管理制度，如资金在购买新设备、招聘新员工、开辟新市场和提高生产能力等方面的分配计划。无论如何规划，创业者都应该保证资金的使用与公司的战略发展目标保持一致。

同时，创业者要做好资金风险管理。资金风险管理不仅是资金安全的重要保障，还是公司稳定扩张的基石。创业者要综合考虑扩张风险与效益，采取风险控制措施，制定完善的风险规避策略；明确每项投资的风险水平并采取措施降低投资风险。创业者应该依据风险水平严格控制资金使用，使资金效益最大化。

此外，创业者要健全财务管理制度，明确资金的用途，确保资金使用公平、合理和透明。在资金使用过程中，创业者应加强内部审计，严格执行财务制度，保证资金使用的合法性，提高资金管理效率和透明度。

在公司扩张过程中，资金规划占据着举足轻重的地位。创业者需以灵活而审慎的态度运用资金，紧抓资金规划的核心要点，把控资金的流入与流出，确保资金的安全与高效利用，为公司的稳健发展奠定坚实基础。

第三节 内外部协同，实现公司扩张

一、关注外部动态，考量风险

在公司扩张的过程中，创业者还需要对扩张的外部风险进行考量。其中，考虑并管理好行业发展和市场竞争的风险是非常重要的。

行业发展是一个复杂的过程，如果创业者没有敏锐的洞察和细致的考量，就很难把握行业的特征和变化，也就不能在竞争激烈的市场中占据优势。因此,创业者应该花费更多的时间和精力,通过各种手段了解行业的现状和未来的发展趋势,敏锐地捕捉行业变化,巩固自己的竞争优势,尽可能地降低公司扩张的风险。

在公司扩张的过程中,创业者还应正视市场竞争给公司业绩和未来发展带来的挑战。随着越来越多的公司进入市场,竞争越来越激烈,公司拥有自己独特的优势才能脱颖而出。此外,创业者要全面了解竞争对手的优势与不足,以制定合适的策略来应对挑战。

为确保公司顺利扩张,创业者应注意以下几个要点:

(1)定期分析行业趋势和竞争对手的发展策略,并根据市场和竞争情况及时调整公司发展策略。

(2)开展市场营销调研,通过调研来确定用户需求、开发新产品或服务。

(3)与供应商建立稳固的合作关系,并制订长期合作计划;整合供应商资源,提高产能,覆盖更广阔的市场。

(4)拓宽销售渠道,招聘高素质的销售人员,提升品牌影响力。

创业者可以通过监测行业动态和市场竞争表现,制定更有效的扩张战略,实现公司的扩张目标。创业者要用科学的战略规划降低扩张风险,引领公司稳步成长,从而使公司在激烈的市场竞争中脱颖而出。

二、通过公司积累实现内部扩张

内部扩张是一种被广泛应用的扩张策略,核心在于汇聚公司内部的各项要素,从而推动公司规模增长。这种扩张方式通常依赖于公司自身的资金和资源积累,无须借助外部融资或合作。很多公司在起步阶段进行扩张时,都是依靠自身积累,通过调整组织架构,实现规模扩张。内部扩张可以细分为内部积累式扩张和新建扩张两种方式。

1. 内部积累式扩张

内部积累式扩张指的是公司通过自身盈利的再投入，以及改进管理方法、推出新产品等，进而实现扩张。这种扩张往往是在不改变公司产权结构的情况下进行的，主要表现为公司资产规模的扩大、销售额增加、市场占有率提高等。

内部积累式扩张的途径主要有三种：第一，通过营销方式的改善打开产品销路，扩大生产规模，获得更多盈利；第二，通过提高管理水平和生产效率，进而提高利润率；第三，通过引进人才、加大研发投入等，改良产品性能，提高市场占有率。

2. 新建扩张

新建扩张指的是公司通过新项目、下属分公司的建设实现扩张。这种扩张方式所需的资金投入更大，时间更长，但是便于公司运行新项目、引入新技术、探索新的运营模式等。新建车间、工厂、分公司等都属于新建扩张的范畴。当公司发展势头良好、市场需求旺盛，或者公司找到新的发展机会、计划以新业务探索新市场时，往往通过这种方式进行扩张。

三、通过并购扩大公司版图

和内部扩张不同，并购扩张需要更多的资金。只有当公司达到一定规模，拥有较为雄厚的资金实力后，才能够通过并购扩张的方式扩大公司版图。并购扩张主要分为三种形式，如图15.2所示。

1. 横向并购式扩张

横向并购式扩张，即公司对同行业内的公司进行并购整合。并购交易双方的生产经营模式往往高度相似。横向并购式扩张可以帮助公司快速扩大生产规模，降低生产成本，获得成本优势；可以提高公司的市场占有率，增强公司的议价能力，使公司在市场竞争中拥有更多话语权。

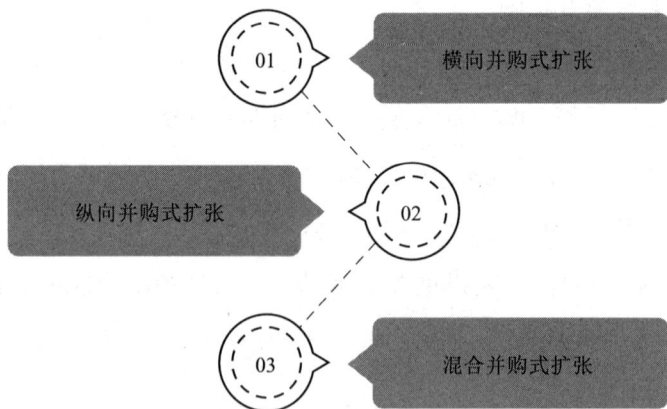

图 15.2 并购扩张的三种形式

2. 纵向并购式扩张

纵向并购式扩张是指公司并购供应链上下游的合作伙伴。这种扩张方式有助于公司延伸自身的价值链,增强对产业链的整体控制能力。通过打通上游原材料供应、下游销售等多个环节,公司能够有效降低上游原材料价格波动和下游产品销售的风险,确保业务稳健发展。

3. 混合并购式扩张

混合并购式扩张指的是公司通过并购不同行业的公司实现扩张,即并购交易双方处于不同的行业,不存在上下游关系。这种扩张方式有助于公司实现多元化经营,开辟多元化的盈利渠道。同时,通过混合并购式扩张,公司可以整合各方资源,实现不同资源间的共享与互补,进一步扩大市场空间,提升整体竞争力。

鉴于并购扩张的便捷性与高效性,很多公司都通过这种方式扩大自身版图。以快递行业为例,近年来快速发展的极兔速递以约 68 亿元的价格收购了百世集团的国内快递业务,实现了快速扩张。凭借百世快递的资源优势,极兔速递的日均订单量和市场份额都得到了很大提升。此次收购完成后,极兔速递成功跻身我国快递行业第一梯队。

第十六章

新品牌战略：重新定义品牌价值

　　品牌的建立对于创业成功十分重要。好的品牌有助于公司在市场中建立良好的信誉和声誉，树立独特的形象，提升产品附加值。因此，创业者需要制定完善的品牌战略，打造独特的品牌IP，以IP赋能品牌发展。

第一节　找准定位,快速构建品牌

在构建品牌之初,创业者首先需要找准定位,根据市场情况、自身优势等因素打造差异化的品牌战略。具体而言,在打造差异化品牌战略时,创业者可以从三个角度出发,如图 16.1 所示。

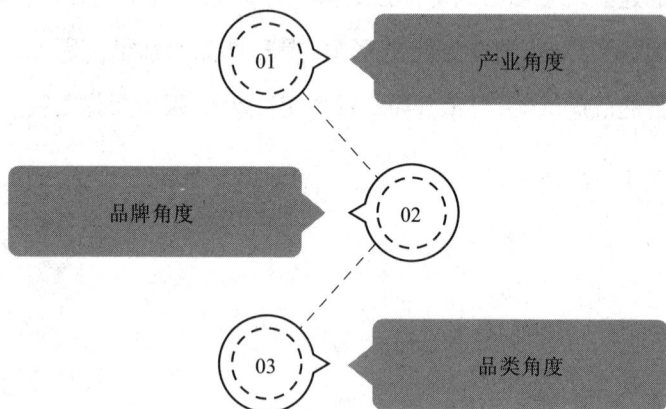

图 16.1　打造差异化品牌战略的三个角度

一、产业角度

从产业角度出发，创业者可以分析产业竞争情况、未来发展趋势等，并结合自身资源优势，制定差异化的产业定位策略。

天安农业是我国知名的农业企业，集蔬菜生产、加工、销售、科研于一体，产品深受消费者欢迎。随着消费者对食品安全和健康饮食的重视程度不断提高，消费者对高品质蔬菜的需求逐渐增加。面对这一趋势，天安农业瞄准有机蔬菜这一产业细分赛道，打造了"小汤山"蔬菜品牌，并筛选、引进了数十个高品质蔬菜品种，通过机械化栽培、标准化水肥管理等手段科学生产有机蔬菜，满足消费者对高品质蔬菜的需求。

二、品牌角度

当前市场中的品牌多种多样，竞争激烈，创业者要想形成自己的竞争优势，可以对品牌进行差异化定位。

在饮料市场中，很多品牌都强调产品独特的口感，而某品牌聚焦消费者的健康需求，推出"0 糖、0 脂、0 卡"的气泡水，成功打造出品牌特色，深受年轻消费者的喜爱。

该品牌推出的健康无糖饮品契合了当下年轻消费者追求健康、养生的生活方式。同时，作为市场上为数不多的以健康为品牌基调的饮品品牌，该品牌通过持续、深入的宣传将"0 糖、0 脂、0 卡"的理念与品牌深度绑定，从而在消费者心中树立了独特的品牌形象。

三、品类角度

从品类角度出发，创业者可以通过差异化的品类战略，向消费者传递独特的价值。品类特征涵盖产品用途、目标人群以及产品功能等多个维度，创业者需深入分析用户需求、竞品发展现状等因素，以确定品类差异化的方向。

作为坚持"鲜战略"的乳品品牌，新希望乳业在竞争中突围，获得了持续的发展。消费者往往十分关注乳品的生产日期，希望买到新鲜的产品。针对这一需求，新希望乳业推出了"24小时鲜奶"产品，以时间定义新鲜，广受市场好评。

在零糖气泡水爆发式增长的当下，饮品行业迎来新的发展契机。新希望乳业敏锐地捕捉到这一新品类创新的红利期，推出了全新品类酸奶饮品"酸奶生汽了"气泡酸奶。在保证清爽口感的同时，气泡酸奶还给消费者带来绵密气泡的刺激体验。通过不断进行品类创新，新希望乳业成功构建了自己的竞争壁垒。

综上所述，创业者可以结合自身发展状况和发展需要，从以上三个角度出发打造差异化品牌战略。差异化品牌战略可以提升产品附加值，增强消费者对产品和品牌的认知，大幅提升公司的整体竞争力。

第二节　讲个好故事，给品牌加一点人情味

在打造品牌的过程中，讲一个好的品牌故事有助于品牌与用户建立情感连接，加深用户对品牌的认知。具体而言，创业者可以基于三个要素打造品牌故事，如图16.2所示。

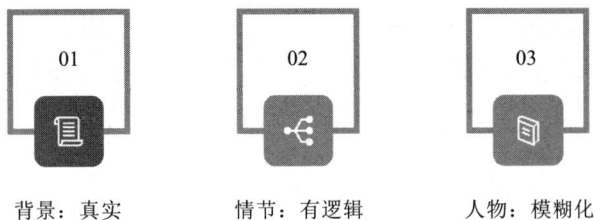

图 16.2　打造品牌故事的三个要素

一、背景：真实

创业者应以真实的场景为基础打造品牌故事，使故事更贴近用户的生活，让用户感受到故事与自己是相关的。例如，Happy Socks（一个袜子品牌）的故事以"把生活中随处可见的平凡物品变成快乐艺术品"为主旨，使得广大用户能够深刻理解品牌创立的初衷，从而和品牌产生情感连接，对品牌产生好感。

二、情节：有逻辑

既然是为品牌讲故事，那么故事的情节就应该展示品牌的核心价值，而且还要有较强的逻辑性。创业者可以基于以下问题设计故事情节，确保其具有逻辑性：

（1）这是一个什么样的品牌？

（2）品牌的竞争力体现在哪里？

（3）品牌创立的初衷是什么？

（4）品牌可以为用户提供什么产品或服务？

（5）品牌已经取得了哪些成就？

通过对这些问题的解答，用户可以全面评估品牌的专业实力，以及所提供的产品或服务是否满足自身需求。更重要的是，用户能够判断自己是否认同品牌的价值观。如果品牌的产品/服务、价值观与用户的需求高度契合,他们对品牌的好感度会大幅提升。因此,创业者在讲述品牌故事时,应巧妙融入这些关键信息,帮助用户做出更明智的消费决策。

三、人物:模糊化

创业者在讲述品牌故事时需要将人物模糊化,不要把人物的能力、性格描述得太过详细。将人物描述得具象化虽然能够使其形象更鲜明、真实,但可能会使没有经历过这些事情的用户难以产生共情心理,从而削弱故事的代入感。

很多创业者注意到了这一点,在讲述品牌故事时会模糊自己的性格和专业技术能力,而着重讲述自己不折不挠、努力奋斗的创业经历。这样更容易让用户产生代入感,对创业者心生敬佩,有利于故事的传播和品牌的推广。

能够让用户产生共鸣的故事就是好故事。创业者要从背景、情节、人物等方面入手对故事进行组织和打磨,让故事能够更好地吸引用户,推动品牌形象的树立和传播。这样也有利于用户熟知、记忆品牌并成为故事的传播者,进一步扩大品牌的影响力。

第三节　IP 打造,彰显品牌

一、品牌 IP 化,加深品牌认知

IP 能够连接品牌与用户,加深用户对品牌的认知。在 IP 的影响下,用户的购买意愿会大幅提升。

品牌 IP 化是通过内容输出、事件营销等方式，提升品牌的辨识度和市场认可度，本质是一种信任机制。品牌 IP 化能够提升品牌的综合实力，降低用户的选择和信任成本。

创业者可以通过打造品牌 IP 的方式，向用户传达品牌理念、展现品牌实力，通过优质的内容吸引用户购买。这不仅节约了营销成本，而且品牌宣传和推广的效果十分显著，能给公司带来很多效益。

营销的核心是内容，内容的核心是 IP。创业者应该转变思维，从打造一个成功的品牌转变为打造一个成功的 IP，帮助用户形成认知、与用户建立连接，从而促使用户购买。

例如，米其林轮胎人、麦当劳的小丑、肯德基爷爷都是 IP。在还没有 IP 这个概念时，它们被称为"超级 ICON"，即超级符号。实际上，用"符号"表达确实更为直观，简单的符号，更容易在用户心中扎根，从而赢得用户的信赖。

无论是进行品牌营销还是展示公司实力，根本目的都是为产品赋予一种独特的符号。在信息碎片化的时代，将符号作为品牌的载体能够有效降低传播成本和用户的记忆成本。创业者可以强化品牌的某种特性，将其打造成品牌独有的符号，从而加深用户的记忆。当用户接触到相关信息时，能够立即联想到相关品牌。

二、开发独家 IP，唤醒品牌调性

很多成功的品牌都以独特的 IP 来彰显自己的调性。对于创业者而言，为品牌量身打造独家 IP 至关重要，可以彰显品牌的活力，拉近品牌与年轻用户的距离，有效驱动商业变现。

以经典品牌银鹭为例，其打造了独具特色的虚拟 IP 形象"大粒小子"为品牌注入了鲜明的个性色彩，为与年轻用户的交流搭建了新的桥梁。

　　"大粒小子"的灵感来自花生,融入了牛奶、花生两个元素,头戴牛角帽,身穿背带裤,以可爱的外形收获了年轻用户的喜爱,成为银鹭花生牛奶品牌形象的代表。"大粒小子"这个虚拟 IP 形象的打造,实现了银鹭花生牛奶的形象升级,重塑了用户对其产品的认知,有利于其实现破圈传播。

　　在消费场景方面,银鹭花生牛奶赞助了综艺节目《一起去露营》,巧妙地将品牌与露营这一场景进行深度绑定,为用户提供了一种全新的认知。同时,在赞助过程中,虚拟 IP 形象"大粒小子"的魅力得到了充分的体现,进一步占领了用户的心智,其活泼可爱的形象助力品牌传播推广,使品牌能够更快实现商业变现。

　　在品牌活动方面,银鹭花生牛奶围绕"大粒小子"开展线上活动,鼓励用户进行 UGC 共创,探索"大粒小子"牛角帽的多种用法。用户积极响应,创作出防晒帽、降落伞等多种富有创意的作品,与品牌积极互动。在线下,银鹭花生牛奶开展了"银鹭花生牛奶 mini 秀"活动,用户可以在现场与"大粒小子"互动,并品尝银鹭花生牛奶。这种线上线下相结合的方式,让用户在轻松愉快的氛围中加深了对品牌的认知。

　　在日新月异的市场环境下,许多品牌都在积极寻求与用户建立更紧密的联系。银鹭花生牛奶是其中的佼佼者,它以虚拟 IP 形象为纽带,迎合年轻用户的喜好,搭建起多元化的沟通渠道。通过这种方式,品牌与用户之间的沟通成本得以降低,从而实现了品牌的快速发展。银鹭花生牛奶的成功实践,无疑为其他品牌提供了宝贵的经验和启示。

第四节　双品牌赋能:公司品牌＋创始人品牌

　　很多公司都采取双品牌战略,既打造公司品牌,也打造创始人品牌。公司品牌与创始人品牌其实是相辅相成、互为补充的，并非彼此独立。通过精心打造双品牌，公司品牌与创始人品牌能够相互赋能，共同推动公司快速发展。双品牌战略主要有以下两种模式：

第一种模式：以创始人品牌为主，以公司品牌为辅

一些公司在经营过程中以发展创始人品牌为主，由创始人的热度带动公司发展。创始人将自己的个人品牌发展壮大不是很困难，但强大到足够支撑起公司品牌的发展，并不是一件简单的事。这不仅需要庞大的流量，还需要创始人有强大的综合实力。

第二种模式：以公司品牌为主，以创始人品牌为辅

一些公司在经营过程中以发展公司品牌为主，创始人品牌则在经营中起着对公司品牌有效补充的作用。这种类型的公司较多，如知名品牌老干妈与其创始人、娃哈哈与其创始人等。

在这种模式下，用户的消费决策虽然会受到创始人品牌的影响，但大多数用户的消费动机并非源自创始人品牌，而是对公司品牌的信任和忠诚，用户的稳定性很强。

采取以公司品牌为主的经营模式时，创业者需要做好两点：一是保持公司品牌的价值观与风格一致，二者不能相悖；二是保持真诚的态度，拉近公司与用户的距离，增强公司品牌的吸引力和亲和力。

创始人品牌与公司品牌相互融合、相辅相成、共同发展，是理想的状态。如果只强调公司品牌的作用，会使公司缺乏人情味，很难拉近与用户之间的距离；如果过于强调创始人品牌的影响力，创始人品牌有可能反噬公司品牌。如何把握二者之间的平衡，需要创业者在实践过程中根据公司特质和经营情况进行认真思考和灵活调整。